企业人力资源管理与
法律顾问实务指引**丛书**

企业劳动法
实战问题
解答精要 第二版

郝云峰◎著

中国法制出版社
CHINA LEGAL PUBLISHING HOUSE

推荐序

既要仰望星空，又要脚踏实地。

关注劳动法立法动态的读者可能知道，劳动基准法的立法在业内持续被讨论。近些年，"996 工作制"等工时及工资领域出现一些问题，急需法律给予相应的回答。同时，中国劳动法体系在工时、工资立法上还有待加强，我们尚无一部专门的工资法。为适应中国法典化发展，需要充实劳动基准法，为将来劳动法典做准备。劳动法典相较于其他部门法更具有必要性和可行性、现实性。

让我们欣慰的是，劳动基准法的立法在稳步推进。

十三届全国人大四次会议期间，有代表提出关于制定劳动基准法的议案，建议采取集中立法模式制定劳动基准法，对工资报酬、工作时间、休息休假、加班限制及补偿等制度给予完善，加强对特殊群体保护，健全职业安全卫生管理制度等。

人力资源和社会保障部表示，基本劳动标准水平的设定，既涉及劳动者的权利保障，也涉及企业的义务承担，具有系统、复杂的特点，各方面存在很大的意见分歧。目前正积极开展基本劳动标准法的相关研究论证工作。下一步，将对劳动基准制度执行情况和存在问题进行综合评估，统筹考虑经济社会发展水平、劳动力市场供求关系、劳动关系双方承受度等因素，兼顾劳动者和用工主体双方的利益诉求，适时提出制定完善相关制度的建议。

还有代表提出关于修改职工探亲待遇规定的议案。

全国人大社会建设委经研究认为，当前，劳动关系的组成与结构正在发生深刻变化，劳动者的休假观念、习惯、方式也随之调整。建议有关部门在充分论证必要性和可行性的基础上，统筹考虑各类假期制度和经济社会发展的关系，在起草基本劳动标准法时，加强整体谋划设计，统筹构建适应新发展阶段的假期制度。①

劳动基准法的重点难点问题主要包括劳动基准的范围、工作时间、休息时间、工资。对于劳动基准的范围目前有三种观点：一种是广义的劳动基准，指所有的劳动基准规范的总和；一种是狭义的劳动基准，仅限于工时与工资；最后一种是中义的劳动基准，是指在工时和工资基础上加入目前劳动法尚未规定的劳动基准。关于工作时间，主要涉及三个方面的内容：一是标准工时，随着新型用工模式的出现，标准工时的定义是否要做相应的一些调整；二是特殊工时的审批存废；三是加班时间的限制与否。关于休息时间，涉及值班的定义、年休假与旅游经济、探亲假存废。关于工资涉及劳动法意义的工资分类、加班工资的基数、附条件的奖金、股票期权及其他福利待遇如何处理。

作为用人单位，我们应该密切关注近年关于劳动基准法的立法动态，通过行业协会、专家学者来反映用人单位的诉求，适时调整单位制度，以合规的心态来应对相应制度方面的调整，以积极的心态来迎接新的立法，我们有信心看到以劳动基准法和劳动法典为代表的立法高潮。

除了关注立法动态，用人单位每天都会遇到各种各样的具体用工问题，这些用工问题直接关系用人单位与劳动者的切身利益，稍有不慎就有可能产生纠纷，甚至发展成劳动争议案件，对构建和谐劳动关系构成威胁。

郝云峰律师长期服务于用人单位，对于 HR 在实践中遇到的各种问题有着丰富的实

---

① 参见:《基本劳动标准法草案有望明年提请审议》，载《法治日报》2021 年 11 月 16 日 6 版。

战经验。将这些问题汇编成书，让更多的用人单位能够从中受益，对构建和谐劳动关系一定会产生积极影响。

是为序。

姜俊禄 博士

中国社会法学研究会副会长

中华全国律师协会劳动与社会保障法专业委员会主任

再版序

　　这本书孕育于2016年，从那时开始我们每天都在解答群内成员的各类劳动法问题，到了2019年底，这样的问题积累了六千个左右。问题永远回答不完，我萌生了写一本问答精选集的念头，让更多的劳动法从业人员受益。2020年9月，本书的第一版上市。

　　和传统写书不太一样。随着技术的不断发展进步，作者和读者的关系也在发生一些变化。新书上市以后，作为作者，工作并没有结束，通过新的技术手段，我和读者之间产生了更紧密的联系。在每周三的"人力资源部周三云例会"互动环节，我会解读书中的五个问题，同时也会解答读者看书时遇到的困惑。直播结束后，我会把每一个问题剪辑成小视频在我的视频号"郝云峰律师"上播放，这样，读者不仅看到了书，还看到了作者的进一步解读，如果有问题还会和作者直接沟通。这本书的"杠杆"被大大地加大了，目的只有一个，让读者在阅读中获益。

　　通过视频号分享书中的问题还在进行中，本书的出版工作被提上日程。在这一版中，原第十五章删除，同时增补28个新的问题解答，使这本书的问题解答维持在1000个。

当然，我还会继续通过视频号和大家分享书中的内容。您在看书的过程中如果遇到任何问题都可以在"人力资源部周三云例会"直播期间和我进行互动，当然，您也可以在后台给我留言。

在阅读中获得收获，是每一位作者的心愿，希望每一位读者都能从书中找到问题的答案。

如果您完整看完这本书的话，您一定会有一种感觉，在劳动法领域，怎么什么问题都有。您的感觉没错，劳动关系是最基础、最复杂的社会关系之一，这些问题又直接来源于一线 HR，应该是最贴近实战的问题了。这本书的目的不是为这些问题找到答案，而是为读者提供找到答案的路径。这本书的工具性就体现在这里。看似简单的问题，想要找到标准答案并非易事，所以答案的脚注您应该格外重视，脚注指向的是这个问题答案的法律依据或者是相关的一些案例。

在阅读过程中有任何问题都可以通过视频号与我互动。

郭云峰

2023 年春于上地

序

　　严格来说，这本书更像是一个对话集，与用人单位 HR 就劳动用工方面的日常问题进行有针对性的沟通交流。

　　这些对话不是一两天或者一两个月形成的，这样的对话最早开始于 2016 年 10 月 25 日，从我们开始建立微信班群的那天，这样的对话就没有停止过。随着微信朋友圈的不断扩大，日常咨询劳动法问题的 HR 越来越多，平日里我的时间本来就非常紧张，无暇顾及朋友圈里的提问，为了对 HR 的问题有所回应，我想到了建立微信班群，每天集中解答大家的提问。从那时候开始，一直到您看到这本书的今天，我们每天都在通过微信班群解答 HR 日常工作中的各类问题。

　　曾经也有 HR 问，郝律师，这些问题是不是你们自己编的呀？

　　这个还真不是！

　　您翻一下这些问题就知道了，我们真没有这个能力。编一天两天还行，十天八天勉强也行，时间长了可真不行！对我而言，编问题远比写答案要难！这也是本书最大的特点，所有的问题都是 HR 自己的问题，我们尽量保持问题的原貌，只做错别字的修改，不做太多语句方面的修改和润色，所以我才敢说，所有问题都是你们提出的问题。原生态正是本书要展现的一部分。

虽然说它更像是一个对话集，但它又不同于闲聊和专业法律咨询。

闲聊体现不出专业性，对 HR 遇到的劳动法问题的解决不会有任何实质性的帮助。

它又不同于专业的法律咨询。受制于信息的片面性和时间投入的有限性，我们无法就 HR 的问题给出精准的解答，甚至相当多的问题我们都给不出答案，只给出了解决问题的方法和路径。这一点要特别告知读者，在极其有限的时间里我们在尽最大努力帮助 HR 解决问题，解答到这个程度，几乎已经达到了我们的极限。在相当多的日子里，我是在夜里十一点才完成大家留给我的"作业"的，从这个角度看，这些问题的答案有它的价值，这本书也自有它的价值。

在日常解答问题时，我们都会在开头有这样一段提示内容："'你好 HR'是专门针对东合法学堂微信群各班同学提出的劳动法问题发表的个人观点，错误难免，不得用作处理具体法律事务的依据！如果您需要进一步的解答，欢迎付费咨询！"

这段内容同样适合各位读者。

首先，这里并非学术的内容和严谨的论述，只是一个有着 20 多年劳动法从业经历的老友在回应您遇到的有关劳动用工方面的各种困惑。其次，这种回应受个人知识水平的限制，错误是在所难免的，这绝对不是客气话。劳动法内容繁杂，我在其中摸爬滚打 20 多年，时常受到各类问题的困扰，在劳动法面前保持谦逊的态度是我们这些劳动法从业人员最基本的素养！因此，如果您发现我的回答存在问题，也不必诧异，我没有说过也不可能说这些回答就是标准答案，但这并不意味着我的回答只是随口说说。为了回答"未婚生育是否享受产假？"这个看似简单的问题，我们甚至查看了 1965 年劳动部工资局发布的第 381 号文。最后，读者千万不要把这些问题的答案简单套用到您在企业遇到的具体法律事务上，我们在回答问题的时候希望尽可能抽象而不是尽可能具体，因此它不可能是解决某一具体问题的答案，尽管它也能给您提供参考，但是，在处理具体法律事务时，您一定要咨询专业劳动法律师，只有在全面了解个案的具体情形后，这些专业人士才有能力就某一具体问题给出答案。律师的方案在很大程度上取决于获取信息的完整程度,这一点您要切记!

在回答 HR 问题的时候,我们还有另外一个原则,就是在微信班群中不对 HR 提出的问题进行筛选,只要是和劳动法相关的问题,我们就会进行解答,尤其不会从难易的角度进行筛选。实际上,我们是分不出哪些是难的问题,哪些是简单的问题的,而且,任何形式的筛选都具有主观性,只要筛选就会破坏它的客观性、普遍性,从而无法展示出 HR 工作的真实状况。因此,这本书的另一个特点就是这些问题具有广泛性、普遍性、客观性。只要您是从事与劳动法相关工作的人员,这里的问题,一定有您遇到过的,即使现在没有遇到,将来也一定会遇到。当您在工作中遇到劳动法方面问题的时候,是不是特别希望能找个人问一下呢?希望这本书能成为这样的"人"。

关于本书,还有几件事情一并交代一下:

我们尽可能通过标注的方式来支持我们的回答,这里的标注起到的是指引作用而不是证明作用,大部分的标注我们都会援引法律法规及政策规定,但也有引用判例的。

关于劳动法的适用,在实践中各地观点会存在差异,我一般立足于北京与大家交流。

在提出问题的时候,HR 都会用"请教""请问""麻烦您"等一些敬语,为了文字的简洁,我们把这些敬语删除了,在此特意向读者说明。

有些问题是类似的,有些答案是重复的,我们刻意保留,目的就是让读者可以从不同角度来看这个问题。重复也是本书的一大特点,重复的次数多了,您自然就掌握了,所以遇到重复的、不同角度的内容更要仔细看。

书中的内容我将会通过抖音、视频号等媒体以短视频的方式展示给大家,也期待您的支持和点赞。

如果您能认真读完这本书并时常拿来翻阅,您处理劳动法相关问题的能力提高到一个新的层次是毋庸置疑的,我也期待这本书能给您带来这样的效果。

在此要特别感谢中国法制出版社的编辑老师,没有她的鼎力支持,就不会有这本书的出版;还要感谢贺清君老师,没有他的激励和鼓励,这本书也不会这么快面世;还要感谢东合法学堂各班群的同学,正是你们层出不穷的问题,才激发我不断去创作,正是这些问题指引着我们前进；也要感谢东合团队的张宝梁律师为成书付出的巨大努力，本书的校验、分类工作都由他来完成；还要感谢家人对我工作的支持和奉献……谢谢所有帮助和支持我的人！

在阅读本书的过程中，您有任何问题，欢迎通过微信（18601256753）与我沟通交流；如果您有意加入我们的 HR 劳动法学习班群，您可以添加微信 13021049225。

郝云峰

目　录

第一章

劳动关系认定问答

问答1 退休人员如果没有享受养老保险，还是可以形成劳动关系的吧？

　　《最高人民法院关于审理劳动争议案件适用法律问题的解释（一）》第三十二条第一款规定："用人单位与其招用的已经依法享受养老保险待遇或者领取退休金的人员发生用工争议而提起诉讼的，人民法院应当按劳务关系处理。"根据上述规定，劳动者享受养老保险待遇或领取退休金之后，与用人单位之间的用工关系不再属于劳动关系。那么达到法定退休年龄，但是没有享受养老保险待遇的人员与用人单位是否能形成劳动关系呢？《中华人民共和国劳动合同法实施条例》（以下简称《劳动合同法实施条例》）第二十一条规定："劳动者达到法定退休年龄的，劳动合同终止。"即劳动者达到法定退休年龄的，与用人单位之间的劳动关系终止，用人单位继续用工的，双方形成劳务关系。

问答2 与40多岁的保洁能签劳务合同吗？还是只能对已经退休的人员才能签劳务合同？

　　劳动用工管理中存在一个误区，用人单位往往认为签了劳动合同就形成劳动关系，签了劳务合同就形成劳务关系。事实上，属于劳动关系还是劳务关系是由法律规定的，而不是由双方约定的。如果双方对是否存在劳动关系产生争议，法院认定劳动关系主要参考以下三个标准：（一）用人单位和劳动者符合法律、法规规定的主体资格；（二）用人单位依法制定的各项劳动规章制度适用于劳动者，劳动者受用人单位的劳动管理，从事用人单位安排的有报酬的劳动；（三）劳动者提供的劳动是用人单位业务的组成部分。因此，不管双方签的是劳动合同还是劳务合同，是否成立劳动关系还是要从上面三个方面去考察。已经退休并开始享受退休待遇的劳动者与用人单位不形成劳动关系，应当签劳务合同。

问答 3 朋友的公司是做化妆品销售的，招聘大区经理时可以先签订劳务合同，达到公司的销售任务再签劳动合同吗？

这么做的动机是什么？不管他是为了什么，他的想法肯定会落空。劳动关系的认定依据劳动关系认定三项标准①进行，而不是看签的合同的名称。

问答 4 一位临近毕业的大学生在律所的试用期期满，到了签合同的时候，律所合伙人却说等确定长期在这里工作并拿了毕业证之后才给其缴纳五险一金，这样可以吗？

临近毕业的大学生符合劳动关系认定标准②的，也有可能被认定为劳动关系。对于形成劳动关系的大学生，用人单位有义务与劳动者签订劳动合同、缴纳社会保险。

问答 5 工厂把生产线包给一个个人包工头，没有经劳务公司，怎么跟他签合同？如果出现工伤，合同如何体现由包工头个人负责？工人工资都是我们统一给包工头由他自己去发放的。

这些劳动者有可能被认定和公司存在劳动关系。工厂应和包工头签订一份承包经营协议并和所有工人签订劳动合同、缴纳社会保险。

问答 6 公司聘用的技术顾问，签订的合同期限为 2 年，固定按月发放报酬。实际工作情况是，技术顾问一个月最多只有 1—2 天需来公司亲临指导（有时连续 3 个月电话沟通指导）。这种情况下是按照劳务关系还是劳动关系去定义？个税申报时是按工资薪金还是按劳务报酬？

您提供的信息不全面，无法判断该劳动者是否接受用人单位的劳动用工管理，也不知道该劳动者的年龄，所以无法确定是否为劳动关系，请您按照劳动关系认定的三个标准③来对比是否属于劳动关系。

---

① 《关于确立劳动关系有关事项的通知》第一条。
② 《关于确立劳动关系有关事项的通知》第一条。
③ 《关于确立劳动关系有关事项的通知》第一条。

问答 7 员工与集团内的两个兄弟公司都签订了劳动合同，一个是实际用工主体，合同、考勤和工作安排均正常；另一个是按集团指示给员工办理户口指标事宜，为员工缴纳社保及公积金。如果发生风险，劳动关系会怎么认定呢？

一般情况下，劳动关系的认定应依据劳动关系认定的三个标准 [①] 来确定。劳动关系、劳动合同关系、社保关系、档案关系、公积金关系等都应当统一，不统一就存在法律风险。比如，这个劳动者发生工伤该如何处理？实际的用工主体没有给劳动者缴纳社保，无法申报工伤，为劳动者缴纳社保的公司没有实际用工，也无法申报工伤。

问答 8 如果劳动者的年龄已达到法定退休年龄，那他与公司是不是不可以被认定为劳动关系？

劳动者的年龄达到法定退休年龄，是否被认定为劳动关系，在实践中，不同地区存在不同的观点。比如，在北京地区，不管劳动者签订的是劳动合同还是劳务合同，双方都构成劳务关系；而在山东地区，即使劳动者达到法定退休年龄，也不一定必然变成劳务关系。我们曾见过这样一个案例，一位 76 岁的劳动者，被认定与用人单位形成劳动关系 [②]。

问答 9 社区居民委员会能作为用工主体吗？

居民委员会是居民自我管理、自我教育、自我服务的基层群众性自治组织 [③]，居委会成员与居委会之间不属于劳动关系。

问答 10 兼职员工可以签劳务合同吗？需要缴纳社保吗？

劳动关系的认定不以兼职、专职为区分标准，兼职既可以形成劳动关系也可以形成劳务关系。用人单位与劳动者形成劳动关系的 [④]，应当订立劳动合同，依法缴纳社保费用。

[①] 《关于确立劳动关系有关事项的通知》第一条。
[②] 山东省高级人民法院（2015）鲁民提字第 526 号。
[③] 《中华人民共和国城市居民委员会组织法》第二条。
[④] 《关于确立劳动关系有关事项的通知》第一条。

问答 11 劳务合同是只针对退休人员吗？短期用工可否签订劳务合同？

　　劳务合同是指法人之间、公民之间、法人与公民之间关于提供劳动服务而订立的协议，适用《中华人民共和国民法典》（以下简称《民法典》）调整，属于平等民事主体之间的民事法律关系，所以，劳务合同并不是只针对退休人员的。需要注意的是，不论用人单位和劳动者签的是劳动合同还是劳务合同，都不影响对双方是否存在劳动关系的判断。也就是说，即便用人单位与劳动者签了劳务合同，最终也可能被认定为劳动关系，所以，短期用工如果符合劳动关系认定的标准[①]，那么双方也应当订立劳动合同。

问答 12 已经是一家公司的法人代表，还能在另一家公司入职吗？

　　公司的董事长、执行董事、经理可以担任公司的法定代表人[②]。公司的董事长、执行董事与公司并不一定会形成劳动关系，公司的经理一般情况下与公司形成劳动关系。但是，不管法定代表人与公司是否形成劳动关系，《中华人民共和国劳动合同法》（以下简称《劳动合同法》）并没有禁止双重或者多重劳动关系，也就是说该法定代表人入职新的用人单位，和新的用人单位建立劳动关系并不必然无效。

问答 13 国外院校博士毕业后如果回国工作，有实习期吗？实习期结束，同一个单位还可以约定试用期吗？

　　中国籍博士国外院校毕业后在国内就业属于适格劳动者，双方建立劳动关系，第一次建立劳动关系时可以约定试用期；而实习期一般只适用于在校学生。

问答 14 对于 55 岁、未满法定退休年龄、已办理内退的员工，双方可否签订劳务合同？

　　企业停薪留职人员、未达到法定退休年龄的内退人员、下岗待岗人员以及企业经营性停产放长假人员，因与新的用人单位发生用工争议而提起诉讼的，人民法院应当按劳动关系处理[③]。用人单位聘用未达到法定退休年龄的内退人员，双方形成劳动关系，而

---

① 《关于确立劳动关系有关事项的通知》第一条。
② 《中华人民共和国公司法》（以下简称《公司法》）第十三条。
③ 《最高人民法院关于审理劳动争议案件适用法律问题的解释（一）》第三十二条第二款。

非劳务关系，所以应当签订劳动合同而非劳务合同。

问答 15 公司有一位大四实习生，明年 6 月毕业。请问这位实习生与公司之间是否属于劳务关系？劳务关系存续期间，公司是否需要为这名实习生缴纳社保？

在校生利用业余时间勤工助学，不视为就业，未建立劳动关系，可以不签订劳动合同[①]。招用未完成学业、以勤工助学为目的而进行社会实践的在校学生，不属于劳动关系；对于已经基本完成学业，即将毕业的大学生，为用人单位正常提供劳动，用人单位正常发放劳动报酬，接受用人单位劳动用工管理的，双方可能构成劳动关系。如双方形成劳动关系，用人单位应为其缴纳社保。

问答 16 公司某员工，19 岁，入职时提交的学历证明显示已毕业（专科），但是在学信网上查询不到，可以查询到另一个在读学历（两年制），现在他要求公司与其签订劳动合同，为其缴纳社保。公司应当与他签订劳动合同并缴纳社保吗？

一般情况下，学校安排的实习或学生自行从事社会实践活动的实习，不视为就业，不属于劳动关系。如果双方确实建立了劳动关系的（符合劳动关系认定标准[②]），应及时为其缴纳社会保险。

问答 17 对实习生应签订劳务合同还是劳动合同呢？拿到了毕业证的员工还算实习生吗？

建议用人单位与实习生（以勤工助学为目的）签订实习协议，通过实习协议明确双方的权利义务关系和责任划分；实习学生拿到毕业证后，用人单位应当与其订立书面劳动合同。如果实习生即将大学毕业，学业已经基本完成，在用人单位"实习"期间和其他劳动者并无本质区别，正常上下班、按时领取工资、接受用人单位的用工管理，该实习生有可能被认定为与用人单位存在劳动关系而非实习关系（劳务关系）。

问答 18 同一劳动者可以与母公司及分公司或者子公司同时签订劳动合同吗？

---

① 《劳动部关于贯彻执行〈中华人民共和国劳动法〉若干问题的意见》第十二条。
② 《关于确立劳动关系有关事项的通知》第一条。

我国并没有禁止多重劳动关系的法律规定，相反，《劳动合同法》对多重劳动关系是认可的；但一个劳动者同时和两个或者两个以上的用人单位建立劳动关系，在实践中还有不同看法，在"冯奇坤与湖北华博电机有限公司、湖北华博三六电机有限公司劳动争议案[①]"中，劳动者与三家用人单位同时建立劳动关系，三家用人单位同时对劳动者承担用工主体责任。

问答 19 兼职和劳务工是一回事吗？

兼职一般是指劳动者同时从事两份或者两份以上的工作，兼职员工既可以与用人单位形成劳动关系，也可以与用人单位形成劳务关系。比如，一位普通劳动者分别在麦当劳、肯德基从事小时工工作，则劳动者与用人单位之间分别形成劳动关系；如果一位退休劳动者分别在麦当劳、肯德基从事小时工工作，劳动者与用人单位之间分别形成劳务关系。劳务关系是民事法律关系，不受《中华人民共和国劳动法》（以下简称《劳动法》）调整，主要依据民事法律调整。

问答 20 某劳动者在我单位以支援性质参与单位建设，与原单位不解除劳动合同。前期筹建时为全日制工作，后期步入正轨为每周来两天，这样的用工关系，可以按照劳务关系处理吗？

如果该劳动者不是公务员或者事业单位在编人员，只是帮助你单位建设，主要从事指导性工作，那么，在该劳动者与原单位保留劳动关系的情形下，与你单位之间有可能被认定为劳务关系。

问答 21 我公司与第三方签订劳务外包合同，现某承接外包合同的员工要起诉我公司未与其订立劳动合同并索要二倍工资，有依据吗？

劳动关系的判断有三条标准：（1）用人单位和劳动者符合法律、法规规定的主体资格；（2）用人单位依法制定的各项劳动规章制度适用于劳动者，劳动者受用人单位的劳

---

① 湖北省武汉市中级人民法院（2016）鄂 01 民终 1569 号。

⑦

⑧

⑦从招聘到离职：HR必备的十大法律思维及劳动仲裁案例实操

书号：978-7-5216-1197-7

定价：59.00元

⑧企业劳动法实战问题解答精要

书号：978-7-5216-3601-7

定价：69.00元

Ⓖ 企业合规管理法律实务指引系列

①

②

①企业合规必备法律法规汇编及典型案例指引

书号：978-7-5216-2692-6

定价：98.00元

②企业这样做不合规：企业合规风险经典案例精析

书号：978-7-5216-3225-5

定价：59.00元

待出版：

数据安全合规实务

涉案企业合规操作流程和实务指引

WIN 企业法律与管理实务操作系列

①

②

③

④

⑤

⑥

①劳动合同法实务操作与案例精解【增订8版】

书号：978-7-5216-1228-8

定价：109.80元

②劳动争议实务操作与案例精解【增订6版】

书号：978-7-5216-2812-8

定价：79.80元

③人力资源管理合规实务操作进阶：风控精解与案例指引

书号：978-7-5216-1508-1

定价：78.00元

④企业裁员、调岗调薪、内部处罚、员工离职风险防范与指导【增订4版】

书号：978-7-5216-0045-2

定价：52.80元

⑤人力资源管理实用必备工具箱.rar：常用制度、合同、流程、表单示例与解读

书号：978-7-5216-1229-5

定价：119.80元

⑥全新劳动争议处理实务指引：常见问题、典型案例、实务操作、法规参考【增订3版】

书号：978-7-5216-0928-8

定价：66.00元

中国法制出版社管理与法律实用系列图书推荐

ML M&L企业管理与法律实用系列

①

②

③

④

①劳动争议指导案例、典型案例与企业合规实务：纠纷解决、风险防范、合规经营、制度完善

书号：978-7-5216-3193-7

定价：138.00元

②首席合规官与企业合规师实务

书号：978-7-5216-3184-5

定价：138.00元

③工伤认定典型案例解析与实务指南

书号：978-7-5216-2758-9

定价：59.80元

④企业股权实务操作与案例精解

书号：978-7-5216-2678-0

定价：68.00元

HR 企业人力资源管理与法律顾问实务指引丛书

①

②

③

④

⑤

⑥

①劳动争议高频问题裁判规则与类案集成

书号：978-7-5216-3180-7

定价：60.00元

②HR劳动争议案例精选与实务操作指引

书号：978-7-5216-2604-9

定价：69.00元

③人力资源法律风险防范体系：可视化流程指引和工具化落地方案

书号：978-7-5216-1842-6

定价：79.80元

④劳动争议案件35个胜诉策略及实务解析

书号：978-7-5216-1180-9

定价：88.00元

⑤人力资源数据分析师:HR量化管理与数据分析业务实操必备手册

书号：978-7-5216-2047-4

定价：68.00元

⑥管理者全程法律顾问

书号：978-7-5216-1201-1

定价：59.00元

动管理，从事用人单位安排的有报酬的劳动；（3）劳动者提供的劳动是用人单位业务的组成部分①。以上标准是目前判断劳动关系的基本准则，如果该劳动者不符合上述认定标准，其向你司主张未签劳动合同的二倍工资没有事实依据和法律依据。

┃问答 22┃ 公司和实习生签订的是实习协议，现在部门不想继续用这个实习生了，实习协议中没有明确的相关约定。这种情况是否需要进行赔偿？

如果双方确属实习关系，没有相关约定的，亦没有需要支付赔偿的法律规定。如果双方名为实习，实为劳动关系的，应按照《劳动合同法》处理，不能随意辞退。

┃问答 23┃ 事业单位辞职是按照《劳动合同法》还是政府的事业单位人员聘任制度暂行办法？

与事业单位形成劳动关系的，适用《劳动合同法》相关规定②；形成人事关系的，适用人事政策方面的规定。

┃问答 24┃ 给暑期实习生发工资必须要按照劳务费用发吗？实习生补助很低，而劳务扣税比较高，可以按照工资方式发放吗？

《关于确立劳动关系有关事项的通知》第一条规定，用人单位招用劳动者未订立书面劳动合同，但同时具备下列情形的，劳动关系成立：（一）用人单位和劳动者符合法律、法规规定的主体资格；（二）用人单位依法制定的各项劳动规章制度适用于劳动者，劳动者受用人单位的劳动管理，从事用人单位安排的有报酬的劳动；（三）劳动者提供的劳动是用人单位业务的组成部分。因此，应结合实际情况判断双方的实际法律关系，再进一步确定工资、劳务报酬的发放，构成劳动关系按照工资计发，构成劳务关系按照劳务报酬计发。

┃问答 25┃ 是不是只要劳动者满 50 周岁（女性员工），不管拿没拿退休金，一律只能

---

① 《关于确立劳动关系有关事项的通知》第一条。
② 《劳动合同法》第二条。

签订劳务协议了呢?

劳动者达到法定退休年龄的,劳动关系终止[①],此时双方形成劳务关系,应当签订劳务协议。

问答 26 退休返聘人员到期解除合同,已经发放终止劳务关系通知书,就不用再签订合同解除协议了吧?

退休返聘人员与用人单位形成劳务关系[②],用人单位既可以通过发放终止劳务关系通知书,也可以通过签订解除协议的形式来解除双方的劳务关系,但不能同时采取两种方式,因为一个是单方解除,另一个是协商解除。

问答 27 退休后是不是要签劳务合同而不再签劳动合同呢?

劳动者享受养老保险待遇后,不符合与用人单位建立劳动关系的主体要求,劳动合同终止[③],无论签订什么合同,双方都不构成劳动关系,系劳务关系,可以签订劳务合同。

问答 28 我理解的签劳务合同就是退休的和非全日制用工的这些情况,要是别的情况签劳务合同违法吗?

您所称的非全日制用工也属于劳动关系,双方可以签非全日制劳动合同。除与退休人员可以签订劳务合同外,根据具体用工需要,对聘请劳务人员提供临时性劳务的,可以签订劳务合同,如清洁工人、理发师等都可以与公司或者个人建立劳务关系。

问答 29 我们公司招聘了一位已经达到退休年龄且正在领取退休金的阿姨,现准备辞退她,她要求公司赔付 2 个月工资,这个要求合理吗?

员工达到法定退休年龄,且已经领取退休金的,与用人单位形成劳务关系[④],不受《劳动法》调整,是否赔偿要看双方是否对此有约定,如果没有约定,劳务人员要求赔

---

① 《劳动合同法实施条例》第二十一条。
② 《劳动合同法实施条例》第二十一条。
③ 《劳动合同法》第四十四条。
④ 《劳动合同法》第四十四条。

偿 2 个月工资需要有法律依据。

问答 30 公司处于筹备期，还在注册中，员工（主要是前期参与筹备的人）工资、社保应该怎么处理？

公司处于筹备期，尚不具备用人单位的主体资格，无法与劳动者建立劳动关系，出资人系一方当事人[①]，应当向劳动者承担相应的法律责任。

问答 31 公司聘用退休人员需要为其缴纳社保和公积金吗，应签劳动合同还是劳务合同？

聘用退休人员，双方形成劳务关系，应当签订劳务协议，退休人员无法缴纳社保和公积金。

问答 32 退休返聘人员是否享有和正式员工相同的权利，如年假、年终奖等？

退休返聘人员与用人单位形成劳务关系，受《民法典》调整，对于是否享受劳动者享有的年假和年终奖等权利，依据双方劳务合同的约定执行。

问答 33 《劳动合同法》第二条第二款规定，国家机关、事业单位、社会团体和与其建立劳动关系的劳动者，订立、履行、变更、解除或者终止劳动合同，依照本法执行。如果某员工是事业单位招考录用的员工，还适用《劳动合同法》调整吗？

事业单位与实行聘用制的工作人员订立、履行、变更、解除或者终止劳动合同，法律、行政法规或者国务院另有规定的，依照其规定；未作规定的，依照《劳动合同法》有关规定执行[②]。

问答 34 公司与学校签订了学生实习协议。现发现有实习生未婚先孕，如果不再继续留用是否合法？

---

① 《最高人民法院关于审理劳动争议案件适用法律问题的解释（一）》第二十九条。
② 《劳动合同法》第九十六条。

如果双方不属于劳动关系，属于实习关系，需按照实习协议约定执行。

问答 35 公司招聘已经退休的某员工，现要与其解除合同，需要赔偿吗？

招聘退休人员，双方形成劳务关系，解除劳务合同以及是否支付经济补偿，需依照双方劳务合同约定执行。如果没有约定，支付经济补偿没有法律依据。

问答 36 已经退休的人员在单位补差，应该签什么合同呢？

劳动者达到退休年龄后，双方建立劳务关系[①]，签订劳务合同。

问答 37 与业务员先签 3 个月的劳务合同，3 个月后转正再与他们签 3 年期劳动合同，这样前面 3 个月就不用为他们缴纳五险一金了，等转正了再缴纳，这样可以吗？是否有风险？

劳动关系的建立不以双方订立合同的名称为准，劳动关系双方自用工之日起建立劳动关系，用人单位有义务为劳动者缴纳社保费用，否则需承担相关法律责任。

问答 38 对实习生是签订劳务合同还是劳动合同呢？拿到毕业证的员工还算实习吗？

建议用人单位与实习的学生签订劳务合同（实习协议），明确双方的权利义务关系和责任划分；实习学生拿到毕业证后，用人单位应当与其订立劳动合同。

问答 39 对民营企业的老板是否要签订劳动合同？

老板提供劳动，接受用人单位规章制度的管理，与公司形成劳动关系，需要签订劳动合同；不提供劳动，不形成劳动关系，不需要签订劳动合同。

问答 40 北京公司某男性员工本月 24 日满 60 周岁，退休手续已在办理当中，但还未拿到退休证等材料，退休金也未开始领取，公司是否需要在 25 日向他发一份劳动合同终止通知？因为要继续聘用，是否要于 25 日与他签订劳务合同？出现问题时法庭一般会按劳动关系还是劳务关系处理？

---

① 《劳动合同法实施条例》第二十一条。

劳动者达到退休年龄后，双方形成劳务关系[①]。25 日后用人单位可以与劳动者订立劳务合同。

问答 41 我公司近期要在成都成立一家分公司，已经有合适的员工大约 6 人，公司还在注册过程中，他们的合同应如何签订？

尚在注册过程中的用人单位不是劳动法上适格的主体，无法和劳动者签订劳动合同，只有在分公司成立以后才可以和劳动者签订劳动合同。

问答 42 研究生毕业论文未通过，延期毕业，可以签订劳动合同吗？

目前未见禁止性规定，即将毕业的大学生可以和用人单位建立劳动关系，签订劳动合同。

问答 43 公司想和员工签订劳务合同，存在哪些风险？

如果公司和员工的关系被认定为劳动关系，存在未签劳动合同的法律风险。

问答 44 在签合同时，一方已满 16 周岁不满 18 周岁的需要由其监护人签，否则是无效合同，是这样的吗？

根据《民法典》第十八条的规定，十六周岁以上的未成年人，以自己的劳动收入为主要生活来源的，视为完全民事行为能力人。《民法典》第十九条规定，八周岁以上的未成年人为限制民事行为能力人，实施民事法律行为由其法定代理人代理或者经其法定代理人同意、追认，但是可以独立实施纯获利益的民事法律行为或者与其年龄、智力相适应的民事法律行为。

问答 45 招用已达到退休年龄但未享受退休待遇的员工是直接签劳务协议吗？

达到法定退休年龄的人无法签订劳动合同[②]，只能和用人单位签订劳务协议。当然，有些地方有不同的认定标准。

---

① 《劳动合同法实施条例》第二十一条。
② 《劳动合同法实施条例》第二十一条。

问答 46 | 有限责任公司的法定代表人需要与本企业签订劳动合同吗？

对法定代表人是否签订劳动合同需要根据法定代表人的身份判断，如果法定代表人是劳动者（如外聘的职业经理人），则应当订立劳动合同；如果法定代表人系公司的董事长，仅行使股东的权利，双方无法形成劳动关系，无须签订劳动合同。

问答 47 | 公司在国外注册，这时员工和公司签什么合同，是劳动合同还是劳务合同？

外国公司不是劳动法意义上的用人单位①，无资格和劳动者签订受中国法律约束的劳动合同。

问答 48 | 劳动合同到期后，超过多长时间就视为存在事实劳动关系？

劳动关系双方自用工之日起建立劳动关系，劳动合同到期后，只要还继续用工，双方就一直存在劳动关系。

问答 49 | 外籍公司在我国招聘需要什么条件？如果想在我国享有正常招聘权利，需要成立分公司，还是代表处？如何操作？

外籍公司不允许在我国直接招聘员工，其不具备招聘员工的主体资格②。外籍公司在华设立代表处的，可以通过外企服务中心雇用工作人员。

问答 50 | 劳动者可否同时和两个用人单位建立劳动关系？

当然可以，《劳动合同法》并未禁止双重或多重劳动关系。

问答 51 | 聘用在校大学生来公司实习，实习期一年，签实习协议可以吗？实习期间需要为其缴纳社保吗？

在校以学习为主、勤工助学的大学生不是适格的劳动者，双方不构成劳动关系，不签订劳动合同，可以签订实习协议③；但是，对于即将毕业的大学生，全职在用人单位

---

① 《劳动合同法》第二条。
② 《劳动合同法》第二条。
③ 《劳动部关于贯彻执行〈中华人民共和国劳动法〉若干问题的意见》第十二条。

提供劳动，接受用人单位劳动用工管理，用人单位按时支付工资的，双方有可能构成劳动关系。

问答 52 公司招聘了一位硕士，她现在是休学状态，可以全职工作两年。因其目前为学生身份不能为其缴纳社保，双方签订劳动合同是否有问题？

只要符合劳动关系认定的标准，双方即建立劳动关系。劳动者全职工作，接受用人单位的劳动用工管理，用人单位定期向劳动者支付劳动报酬，劳动者从事的业务也属于用人单位的业务组成部分，双方即建立标准的劳动关系，就应当签订劳动合同。

问答 53 公司要聘用一位已经办理内退，目前 56 周岁的男士，需要签劳动合同并为其缴纳社保吗？

用人单位聘用企业内退人员，双方建立劳动关系，享受劳动者权利[1]，应当签订书面劳动合同，同时为劳动者缴纳兼职人员工伤保险，规避工伤风险。

问答 54 如果某劳动者是其他单位的内退人员，没有正式办理退休手续，五险一金都在原单位缴纳，他也不愿意和原单位解除合同，我们用他的话，会有什么风险，需要办理什么手续？

用人单位与该劳动者建立劳动关系，应按正常劳动者对待，签订书面劳动合同，缴纳兼职人员工伤保险以规避工伤风险。

问答 55 工人达到法定退休年龄后，又和公司签订了一份无固定期限劳动合同。那么，公司的规章制度以及员工手册，对该员工还适用吗？比如，迟到三天可以辞退吗？

劳动者达到法定退休年龄的，劳动关系终止[2]，此时双方形成劳务关系，应当签订劳务协议，通过劳务协议约定双方的权利义务，包括约定解除劳务协议的条件。

---

[1] 《最高人民法院关于审理劳动争议案件适用法律问题的解释（一）》第三十二条第二款。
[2] 《劳动合同法实施条例》第二十一条。

问答 56 员工达到退休年龄，但该员工养老保险还未交够 15 年，劳动合同要到明年才到期，此时劳动合同还有效吗？如果该员工还要继续在公司上班，是签劳务合同吗？

劳动者达到法定退休年龄，双方劳动关系终止^①，劳动者继续提供劳动的，按照劳务关系处理，双方可以签订劳务合同。

问答 57 某位员工是演员，他的薪水为每月演出的场次乘以演出费用。双方签订的是劳务合同。他是否享受陪产假？

需要具体判断是否形成劳动关系。如果形成劳动关系，要看双方执行的是何种工时制度，是标准工时制还是特殊工时制，如果是标准工时制，劳动者可以主张陪产假。如果是劳务关系则无陪产假一说，除非双方另有约定。

问答 58 实习生在实习期间领取结婚证，可以休婚假吗？她是 4 月来公司实习的，5 月领了结婚证，6 月底签订了劳动合同，现在向公司申请婚假。

实习生也可以与用人单位建立劳动关系，如果双方建立的是劳动关系，劳动者有权休婚假；如果双方建立的是劳务关系（实习关系），则劳务关系存续期间，依据双方的约定或者用人单位的制度规定执行。

问答 59 员工甲于 2022 年 10 月 11 日达到法定退休年龄，企业以"到达法定退休年龄，劳动合同自然终止"为法律依据，与员工甲终止劳动合同。员工甲是本市农村户口，2015 年开始缴纳社保，因此社保缴费年限不够。其本人将关系转到街道办事处，办理了延迟退休，自己继续缴纳社保。目前，员工甲认为其未领到社保，不算退休，故向企业提出"在终止劳动关系时，企业应支付经济补偿金"以及"未提前一个月通知，需支付一个月代通知金"，有依据吗？

---

① 《劳动合同法实施条例》第二十一条。

关于劳动者达到退休年龄导致劳动合同终止的情形,《劳动合同法》规定的是"劳动者开始依法享受基本养老保险待遇的"[①], 而《劳动合同法实施条例》则规定, 劳动者达到法定退休年龄的, 劳动合同终止[②]。劳动者达到法定退休年龄终止劳动合同的, 不需要支付经济补偿。

问答 60 对于兼职人员, 第二家用人单位是否签劳务合同即可? 薪资标准是否不受最低工资标准限制?

兼职也有可能属于劳动关系, 不是所有兼职都是劳务关系。最低工资标准有月最低工资标准和小时最低工资标准, 月最低工资标准适用于全日制就业劳动者, 小时最低工资标准适用于非全日制就业劳动者[③]。

问答 61 很多人说劳动者达到退休年龄即可签订劳务协议, 但《劳动合同法》中的劳动合同终止条款, 是劳动者享受养老保险待遇。劳务关系的形成, 究竟应如何判断?

《劳动合同法实施条例》第二十一条规定, 劳动者达到法定退休年龄的, 劳动合同终止。

问答 62 养老保险没有交满 15 年, 可以说劳动合同到期终止吗?

劳动者达到法定退休年龄, 劳动合同终止[④]。

问答 63 公司法定代表人是总经理, 同时是公司的大股东, 这种情况下需要跟总经理签劳动合同吗?

股东与劳动者属于不同的身份, 享有的权利也不同。总经理如果作为劳动者, 则应与用人单位签订劳动合同。

---

① 《劳动合同法》第四十四条。
② 《劳动合同法实施条例》第二十一条。
③ 《最低工资规定》第五条。
④ 《劳动合同法实施条例》第二十一条。

问答 64 天津公司要换北京的执照，工资也从北京公司基本户里发，但是劳动合同都还是天津公司签的，有什么风险？

有可能会被认定为混同用工。

问答 65 本人所在单位为酒店性质，按行业惯例经常会用到小时工，现在有人说我们用工不合法，主要原因是小时工公司不具备劳务派遣资质，想知道这一说法合理吗？经营小时工业务的公司必须具备劳务派遣资质吗？

非全日制用工和劳务派遣用工是标准用工之外两种并行的用工形式。《劳动合同法》中没有关于小时工的规定，小时工并不等同于非全日制用工，小时工不一定是劳动关系，而非全日制用工一定是劳动关系。使用非全日制用工符合《劳动合同法》的规定即为合法。

第二章

劳动合同订立问答

问答 66 我单位的中层主管人员，工作时间与单位规定一致，每周工作 2—3 个工作日，不在我单位缴纳社保，其余工作日在其他单位上班，并由其他单位缴纳社保。对这样的人员，应该签订劳动合同还是劳务合同呢？

如果该主管人员未达到法定退休年龄[①]，与贵司形成劳动关系，应当签订劳动合同。

问答 67 集团公司子公司派员工到另一刚成立的公司任副总，集团占该公司 70% 股份，这个员工的劳动关系应该如何处理？需要和原公司解除合同并与新公司重签吗？新公司在外地，他不需要到新公司坐班，只是有事的时候过去处理。工资由新公司发，但是他想在原公司所在地区继续缴纳社保。

劳动者和谁建立劳动关系就应当和谁签订劳动合同，并由该用人单位为其缴纳社保，否则会将劳动关系复杂化，容易被认定为混同用工，相关单位都要承担法律责任。该员工被派往关联公司任副总，其与关联公司之间存在劳动关系，应当和关联公司签订劳动合同，并由关联公司缴纳社保、支付工资。

问答 68 入职时签合同的日期可以是上班前一天吗？续签合同的日期可以是续签日期的前一天吗？

劳动关系自用工之日起建立，签劳动合同的日期不影响劳动关系建立的时间。续签合同的日期应该是上一份合同到期日的第二日。

问答 69 我们去年 6 月招了一些大三的实习生，一直在公司上班，今年 6 月他们毕业，

---

① 《劳动合同法实施条例》第二十一条。

拿到了毕业证，和这些实习生签订劳动合同，应该从什么时候签订？

一般情况下，在校以学习为主要任务、勤工助学的大学生与用人单位不形成劳动关系，可以不签订劳动合同[①]；大学生已经完成主要学业，在用人单位全职提供劳动并接受用人单位的劳动用工管理、用人单位也按月支付劳动报酬的，符合劳动关系认定标准的[②]，双方可以形成劳动关系，进而订立劳动合同。

问答 70 劳动合同首页的劳动者姓名是 HR 写的，而不是员工本人写的，可以吗？劳动合同入职 1 个月内必须签订，那签订之后，什么时间内必须发给员工，让员工做签收登记呢？如果入职超过 1 个月，合同未发给员工，有什么风险吗？

只要劳动合同最后签字页是员工本人手写确认，一般情况下，劳动合同即依法成立。劳动合同文本由用人单位和劳动者各执一份，用人单位未将劳动合同文本交付劳动者的，由劳动行政部门责令改正；给劳动者造成损害的，应当承担赔偿责任[③]。

问答 71 复试后，公司要求员工体检，员工查出心脏病。我是直接通知他不要来了，还是再加试一次，然后告诉他终试不符合录用条件？

我们一般建议劳动者在办理入职手续之前提交体检证明，如果劳动者的身体状况不符合用人单位的要求，可以直接通知劳动者未被录用。

问答 72 在面试表格中让面试人员填写有无心脏病史或其他重大疾病之类的，并写明如有隐瞒，公司可以不予录用，这样做可不可以呢？

可以，但是如何证明劳动者"隐瞒"，对用人单位来说具有很大挑战性。

问答 73 有一位在日企工作的员工需多次往返日本探亲，向公司提出申请，请公司帮助续办出国的商务签证（三年多次往返）。公司提出可以为其办理，但要求

[①] 《劳动部关于贯彻执行〈中华人民共和国劳动法〉若干问题的意见》第十二条。

[②] 《关于确立劳动关系有关事项的通知》第一条。

[③] 《劳动合同法》第八十一条。

员工签证续签成功后，在公司连续工作 3 年，并要求签订服务期合同。这样做是否可行？

劳动法里的服务期是指用人单位为劳动者提供专项技术培训，劳动者承诺为公司服务一定期限，否则承担违约责任 [①]。上述服务期约定不符合《劳动合同法》的规定。

问答 74 签劳动合同要用什么章？今天看文章说人力资源部章好像不行了，只认公章和合同章。

劳动者和用人单位签订劳动合同，一般应加盖公章。合同章一般认为是与平等民事主体进行市场交易行为时加盖的，盖在劳动合同上不适宜。加盖其他类型的内部章是否有效，在很大程度上取决于劳动者的主张。劳动者认为有效，内容也是用人单位的真实意思表示，内部章也可能有效，如加盖人力资源部章的奖金发放承诺；劳动者认为无效，用人单位也无法证明合法授权来源的，有可能被认定无效。

问答 75 第一次劳动合同到期时存在不支付经济补偿金的可能性是指什么？第二次固定期限劳动合同到期后公司不续签并支付补偿金可以吗？

依照《劳动合同法》第四十六条第五项规定，第一次劳动合同到期时存在不支付经济补偿金的可能性是指用人单位维持或提高劳动合同约定条件续订，但劳动者不同意续订的。第二次劳动合同到期，劳动者要求续签，用人单位拒绝续签而终止劳动合同属于违法终止 [②]。

问答 76 我的一个朋友，最近续签合同，她已连续签订两次合同，这是第三次签订，她提出签无固定期限劳动合同，可是单位提出要与她签固定期限劳动合同，劳动合同在她达到法定退休年龄时终止。这种情形下，用人单位是不是会承担风险？除了二倍工资风险，合同到期时是不是还要支付补偿金？

《劳动合同法》第八十二条规定，用人单位违反规定不与劳动者订立无固定期限劳

---

① 《劳动合同法》第二十二条。
② 《劳动合同法》第十四条。

动合同的，自应当订立无固定期限劳动合同之日起向劳动者每月支付二倍的工资。劳动者依法享受基本养老待遇导致劳动合同终止的，用人单位无须支付经济补偿金。

问答 77 《北京市劳动合同规定》第十五条规定："有下列情形之一，劳动者要求订立无固定期限劳动合同的，用人单位应当订立无固定期限劳动合同……（二）复员、转业退伍军人初次分配工作的……"实际操作中，这里的"初次分配工作"是指什么，是不是说那种民政局或者街道，将复员、转业退伍军人分配至某工作单位？如果是自谋职业的退伍军人到民营企业求职，也可以提出订立无固定期限劳动合同吗？另外，如果上面这个问题的答案为"是"，那么是单位必须主动签订无固定期限劳动合同，还是说退伍军人要求签无固定期限劳动合同，才签无固定期限劳动合同，如果没要求，是不是也可以签订固定期限劳动合同？

笔者个人理解，这里的关键是"初次"，复员、转业退伍军人从部队出来后的第一份工作即为初次，如其提出签订无固定期限劳动合同，则必须签无固定期限劳动合同；当然，如果没有提出要求，可以签订固定期限劳动合同。

问答 78 我一个朋友与公司签了两次固定期限合同了，第二次合同到期后公司就没有再续签合同，时间已经过去 1 年半了，如果他现在离职，可以起诉公司要求二倍工资吗？

用人单位违反《劳动合同法》第十四条第二款、第八十二条第二款的规定，不与劳动者订立无固定期限劳动合同的，二倍工资自应订立无固定期限劳动合同之日起算，截止点为双方实际订立无固定期限劳动合同的前一日。二倍工资中增加一倍的工资属于惩罚性赔偿的部分，不属于劳动报酬，适用《中华人民共和国劳动争议调解仲裁法》（以下简称《劳动争议调解仲裁法》）第二十七条第一款的规定，即一年的仲裁时效。二倍工资适用时效的计算方法为：在劳动者主张二倍工资时，因未签劳动合同行为处于持续状态，故时效可从其主张权利之日起向前计算一年，据此实际给付的二倍工资不超过十二个月，二倍工资按未订立劳动合同所对应时间用人单位应当正常支付的工资为标准计算。根据上述规定，若现在提出仲裁申请，至少有半年的二倍工资差额已过仲裁时效。

问答 79 我司与外地员工签订兼职协议，他签字后拍照发送给我，我打印出来盖章可以吗，还是要让他快递给我再盖章？

请确保是员工本人签署，公司要留存原件，照片打印无效。

问答 80 员工多次拒签劳动合同，离职后提起仲裁要求二倍工资，假如企业在此期间保留了员工主动拒签的录音或者录像证据，可以不用支付二倍工资吧？

一般情况下，如果劳动者拒签且用人单位能够举证证明的话，仲裁委或法院是有可能驳回劳动者诉求的，但我们也见过用人单位仍须支付二倍工资差额的案例[①]。

问答 81 对于第三次签订劳动合同的员工，员工要续签，而单位不想续签，可以单方终止劳动关系吗？

如果已签订两次固定期限劳动合同，且劳动者没有严重违纪、不胜任工作等法定情形的，除非劳动者要求续签固定期限劳动合同，否则用人单位必须与其签订无固定期限劳动合同，也就是说，这种情况下，用人单位无权单方终止劳动关系。

问答 82 对于销售人员，单位先安排培训半个月，再体检、签合同（入职一个月内），有什么风险吗？

用人单位安排劳动者培训即视为用工开始，自用工之日起三十日之内用人单位应当与劳动者订立书面劳动合同[②]。

问答 83 用人单位先发放的 offer 中用词为"拟录用"并且没有"决定"两个字，那么这个 offer 是要约还是要约邀请呢？

要约是希望和他人订立合同的意思表示。要约邀请是希望他人向自己发出要约的意

---

① 北京市西城区人民法院（2014）西民初字第 17597 号。
② 《劳动合同法》第十条。

思表示。判断用人单位发出的 offer 是要约或者仅仅是一种要约邀请，应当结合 offer 的内容具体判断，不大可能仅根据几个字词就推断其性质。一般情况下，offer 具有要约的特性。提示读者，要约和要约邀请是《民法典》中的概念，《劳动合同法》中并无此概念。

问答 84 公司投资人之一，同时是分公司负责人，他参与公司管理，需要签劳动合同吗？

劳动者具有用人单位所有者和劳动者两重身份，作为分公司负责人（劳动者），用人单位应当与其签订劳动合同。

问答 85 员工于 2011 年 2 月 1 日入职，签 3 年期合同，于 2014 年 2 月 1 日续签 3 年期合同，2017 年再续签时，如果员工提出签无固定期限劳动合同，公司是不是就一定要签无固定期限劳动合同？

《劳动合同法》第十四条规定，连续订立二次固定期限劳动合同，且劳动者没有本法第三十九条和第四十条第一项、第二项规定的情形，续订劳动合同的，劳动者同意续订劳动合同的，除劳动者提出订立固定期限劳动合同外，应当订立无固定期限劳动合同。因此，如果员工提出签订无固定期限劳动合同，公司必须与劳动者签订无固定期限劳动合同。

问答 86 劳动者不能同时和两家或以上公司签订劳动合同，那么如果某公司的劳动者自己有一家公司，这种情况可以吗？

《劳动合同法》认可双重或者多重劳动关系，所以"劳动者不能同时和两家或以上公司签订劳动合同"的前提并不成立，前面也讲过，一个劳动者可以同时和三个用人单位建立劳动关系。

问答 87 员工合同于 2020 年 8 月 21 日到期，但是由于种种原因，未及时续签，员工在此期间一直在岗，现由于其违反公司规定准备与其解除合同，发现其合同未续签，请问要支付二倍工资差额吗？

未续签，公司承担二倍工资的责任；但员工违反公司规定，也应当承担相应

的责任 ①。

| 问答 88 | 2010 年双方签订 10 年期劳动合同，员工从 2014 年起开始待岗，现合同到期公司不再续签，员工认为是违法解除，是否有法律依据？

　　劳动者在用人单位连续工作满十年的，用人单位在劳动合同到期后无权径行终止劳动合同，如果劳动者要求续签，用人单位应当续签 ②。

| 问答 89 | 一份单独的试用期合同是不是本身就是无效的？

　　劳动合同仅约定试用期的，试用期不成立，该期限为劳动合同期限 ③。

| 问答 90 | 公司与通过猎头招聘来的员工签订了一份协议，如果员工主动离职需要赔偿公司因招聘他所造成的损失（即招聘的费用），这个在法律上能够得到认同吗？

　　如果劳动者违法解除劳动合同（如未提前三十日书面通知用人单位）给用人单位造成损失的，应当承担赔偿责任，赔偿范围包括招聘的费用 ④；如果劳动者是合法解除则不赔偿。

| 问答 91 | 公司未和员工签订合同，差不多三个月了，现有五名员工联名起诉要求公司支付二倍工资差额，怎么能不赔付他们？

　　与劳动者订立书面劳动合同是用人单位的法定义务，用人单位应当自用工之日起一个月内与劳动者订立书面劳动合同，否则需向劳动者支付未签劳动合同二倍工资差额 ⑤。

| 问答 92 | 针对管培生是否可以约定服务期？如果管培生违反服务期约定，是否可以进行扣款等处罚？公司对管培生的投入，是否可以作为培训投入计入服务期协

---

　　① 《劳动合同法》第三十九条。
　　② 《劳动合同法》第十四条。
　　③ 《劳动合同法》第十九条。
　　④ 《违反〈劳动法〉有关劳动合同规定的赔偿办法》第四条。
　　⑤ 《劳动合同法》第八十二条。

议条款？

只有用人单位为劳动者提供专业技术培训的，才可以约定服务期[①]。

问答 93 劳动合同中有一条约定"公司有权根据实际情况对工作地点、工种、工作内容进行调整或变更，乙方（员工）对此予以同意，不得以任何理由拒绝"，这个约定合理吗？

单独去看这个条款无意义。签了这个条款，用人单位也不得随意变更劳动合同；但是没有这个条款，用人单位在变更劳动合同的时候，就会没有依据，所以建议劳动合同中要保留类似的约定。变更具有合理性的，裁审机关一般会予以支持。

问答 94 如果劳动合同中写明"合同期满自动续约三年"，也是代表第二次签订吗？没有再签约的仪式也是第二次签订？

劳动合同到期自动续期的，属于又一次签订了固定期限劳动合同。

问答 95 劳动合同中的具体内容是不是都可以用电脑打字，不用手写？最后由员工签字，企业盖章就可以？

可以。

问答 96 某女职工合同将于 2023 年 4 月到期，但是她 2023 年 11 月就年满 50 周岁达到退休年龄了，还需要续签劳动合同吗？签订多久的？

是否必须续签劳动合同取决于多种因素，如果是第二次固定期限劳动合同到期，在没有法定情形的情况下，用人单位必须续签劳动合同，劳动合同可以续签至退休日；如果是第一次固定期限劳动合同到期，劳动者又不符合签订无固定期限劳动合同情形的，用人单位可以到期终止劳动合同。

问答 97 入职之前让员工提供学历证明算侵犯隐私吗？

[①] 《劳动合同法》第二十二条。

用人单位有权了解与劳动者岗位有关的信息 [①]，包括工作经历、学历等。

问答 98 员工合同到期，如果没有续签，到期后满 1 个月是不是就要支付二倍工资？

合同到期未续签的，在北京地区，自合同到期日的第二日开始支付二倍工资，最多支付不超过 12 个月。

问答 99 第二次固定期限劳动合同到期前，可以向员工发不续签通知书吗？不续签违法吗？

第二次固定期限合同到期，是否续签劳动合同的选择权在劳动者个人，如果劳动者要求续签，企业不续签，那么劳动者可以选择继续履行劳动合同或者要求违法终止劳动合同的赔偿金，因此，如果员工要求续签劳动合同，应当续签 [②]。

问答 100 某员工第二次固定期限劳动合同于 6 月 10 日到期，如果我公司于 5 月 10 日通知她合同到期后不续签，并按她在公司的工作年限给予经济补偿金，这样合法吗？会不会被员工索要赔偿金呢？

公司直接终止劳动合同的做法不合法，应与劳动者签订无固定期限劳动合同 [③]，除非劳动者同意终止劳动合同。是否支付劳动者赔偿金，要看劳动者如何选择。

问答 101 连续签订两次固定期限劳动合同，第三次签订时如果员工没有提出签订无固定期限劳动合同，可以签订固定期限劳动合同吗？

《劳动合同法》第十四条规定，用人单位与劳动者连续订立二次固定期限劳动合同，且劳动者没有本法第三十九条和第四十条第一项、第二项规定的情形，续订劳动合同的，应签订无固定期限劳动合同。签订无固定期限劳动合同不需要劳动者提出，订立固定期限劳动合同才需要劳动者提出。

---

① 《劳动合同法》第八条。
② 《劳动合同法》第十四条。
③ 《劳动合同法》第十四条。

问答 102 签电子劳动合同合法吗?

用人单位与劳动者协商一致,可以采用电子形式订立书面劳动合同 [①]。

问答 103 用人单位未依法与劳动者订立书面劳动合同,劳动者最多可获得 12 个月的二倍工资差额还是 11 个月的?

第一次未签订劳动合同最多获得 11 个月的二倍工资差额;未进行续签的最多获得 12 个月的二倍工资差额,当然各地标准存在差异。

问答 104 员工第一次与公司签订的是以完成一定工作任务为期限的合同,之后又签订了固定期限劳动合同,那么这个固定期限劳动合同到期后,公司是否可以不续签呢?

劳动合同期限的类型分为固定期限劳动合同、无固定期限劳动合同和以完成一定工作任务为期限的劳动合同,签订了以完成一定工作任务为期限的劳动合同后,工作任务完成,劳动合同终止,工作任务没有完成,劳动合同一直继续,不会涉及再签固定期限劳动合同。如果工作任务完成,劳动合同终止后,双方又重新签订了固定期限劳动合同,该固定期限劳动合同到期后,用人单位可以直接终止。

问答 105 超过 1 个月未签劳动合同,需要支付二倍工资,那么二倍工资是从第二个月开始,还是第 1 个月也包括呢?

《劳动合同法》第八十二条规定,用人单位自用工之日起超过一个月不满一年未与劳动者订立书面劳动合同的,应当向劳动者每月支付二倍的工资。因此,自用工之日起的二倍工资从第二个月起算。

问答 106 员工去年 4 月入职,但是没签合同,也没缴纳社保,现在公司想补签合同,从今年 4 月开始为员工缴纳社保。合同从什么时候开始签署比较好,从去年 4 月还是今年 4 月?

[①] 《人力资源社会保障部办公厅关于订立电子劳动合同有关问题的函》。

用人单位自用工之日起一个月内需要与劳动者订立书面劳动合同①，否则需要支付二倍工资②。在北京地区，用人单位与劳动者倒签劳动合同至入职之日的，无须支付二倍工资。

问答 107 公司一位男员工现在 58 岁，到 60 岁退休，现在已经是第三次签订劳动合同，续签应为无固定期限劳动合同吗？如果到了 60 岁无法办理退休，那劳动合同还有效吗？

连续两次订立固定期限劳动合同且劳动者没有法定情形的，用人单位应当与其订立无固定期限劳动合同③；劳动者达到法定退休年龄，双方劳动关系终止，劳动者继续提供劳动的，按照劳务关系处理④。

问答 108 公司与员工已经签了两次固定期限劳动合同，第三次还要签固定期限劳动合同，而且岗位也发生了变化，这时该怎么办？

从用人单位的角度看，连续订立两次固定期限劳动合同后，如果第三次双方经协商一致，仍然签订固定期限劳动合同，一般合法有效；续签劳动合同时，仅对劳动合同的期限进行变更，不涉及劳动合同的其他内容，如果变更其他内容，应当协商一致，协商无法达成一致的，劳动者有权要求继续按照原合同约定内容履行或者提出终止劳动合同，用人单位此时可能需要支付经济补偿。

问答 109 签订无固定期限劳动合同的员工辞职时，在解除合同证明书中，原劳动合同起止时间怎么写？

如实填写双方自何时起签订无固定期限劳动合同即可。

问答 110 员工合同到期，公司通知续签，员工拒绝续签并要求涨工资，如何处理？

---

① 《劳动合同法》第十条。
② 《劳动合同法》第八十二条。
③ 《劳动合同法》第十四条。
④ 《劳动合同法实施条例》第二十一条。

如果不续签，公司需要赔偿吗？

用人单位维持劳动合同约定的条件续订劳动合同，劳动者不同意续签的，用人单位可以终止劳动合同，无须支付经济补偿[①]。

| 问答 111 | A 公司持有独立法人的营业执照，B 公司是 A 公司的分公司，持有负责人的营业执照。A、B 公司分别在北京的不同区，相距 80 公里。这种情况下，可以由 A、B 公司与员工签三方劳动合同吗？如果不可以，主要问题是什么？

办理了营业执照的分支机构可以单独作为劳动合同的主体与劳动者签订劳动合同[②]，劳动合同是用人单位和劳动者为明确双方权利义务签订的协议，合同一方主体是用人单位，另一方是劳动者，一般情况下，作为用工主体一方的用人单位只能是一家公司，鲜有两家公司同时和劳动者签订一份劳动合同的情况。

| 问答 112 | 如果劳动合同中的工作内容不想写得太具体，不具体到部门、岗位，应该怎样写？

工作内容属于劳动合同的必备条款[③]，应当具体明确；如果劳动合同约定不明，发生争议后，由用人单位负责举证证明劳动者的工作内容，举证不能将承担不利后果[④]。

| 问答 113 | 我们公司的劳动合同是 3 年的期限，自动顺延 1 年，如果员工 3 年的合同到期，是 3 年后重新续签，还是在顺延后的 1 年续签呢？

含有自动续延条款的劳动合同，如果劳动合同到期，双方没有另行续签的，单位可以主张双方按照续延条款续签原劳动合同，当然，这属于第二次签订固定期限劳动合同。

| 问答 114 | 用工一年没签合同，劳动者要求签无固定期限劳动合同，如果补签，落款

---

① 《劳动合同法》第四十六条。
② 《劳动合同法实施条例》第四条。
③ 《劳动合同法》第十七条。
④ 《劳动争议调解仲裁法》第六条。

日期按照实际写还是倒签至用工之日？二倍工资是从用工那天到补签日期计算吗？

在北京地区，如果劳动者同意倒签劳动合同，用人单位免除用工之日起第 31 天至倒签之日前一日之间的二倍工资差额；如果劳动者同意倒签至用工之日，用人单位无须支付未签劳动合同的二倍工资差额。

问答 115 **公司为了规避风险可以把劳动合同改签为薪资协议吗？**

不知道公司规避什么风险会把劳动合同改签为薪资协议，如此操作反而是在增加未签劳动合同二倍工资的风险。

问答 116 **入职未签劳动合同已近一年。公司现在要签劳动合同，但只要求员工在劳动合同文本上签署姓名，不让员工写日期，空白处均由公司代签，公司人为倒签劳动合同。如果产生劳动纠纷，员工还能主张未签劳动合同的二倍工资吗？**

在北京地区，劳动者与用人单位将日期倒签到实际用工之日，视为用人单位与劳动者达成合意，单位无须支付二倍工资，但劳动者有证据证明倒签劳动合同并非其真实意思表示的除外。

问答 117 **聘用新员工发 offer，一般发原件还是复印件？**

正式的法律文书应该以原件为准。实践中，大多数的 offer 都是通过电子邮件形式发出的。

问答 118 **劳动合同的工作地点约定为省可以吗？**

在北京地区，劳动合同的工作地点约定为"全国""北京"的，一般属于工作地点约定不明，以劳动合同实际履行地点为准[①]。

---

① 《北京市高级人民法院、北京市劳动人事争议仲裁委员会关于审理劳动争议案件法律适用问题的解答》第六条。

问答 119 在北京，未签书面合同的二倍工资差额的计算基数包括对应月份的加班工资吗？还是按固定的月工资标准计算？

因基本工资、岗位工资、职务工资、工龄工资、级别工资等按月支付的工资组成项目具有连续性、稳定性特征，金额相对固定，属于劳动者正常劳动的应得工资，应作为未订立劳动合同二倍工资差额的计算基数；不固定发放的提成工资、奖金等一般不作为未订立劳动合同二倍工资差额的计算基数[①]。加班工资是否作为二倍工资差额的计算基数取决于加班工资是否相对固定发放。比如，用人单位规定每周工作六天，周六固定加班一天，每月都支付相同的加班工资，此时，加班工资就有可能计入二倍工资差额的计算基数。

问答 120 由于劳动合同内容变更比较多，想重新签订，为了方便，打算把合同期限统一定为今年 1 月 1 日起至原合同终止日期。这样做可以吗？

千万不要这么做，如此重新签订并不会带来方便，还可能存在法律风险，如劳动者 2021 年 6 月 1 日入职并签订了书面劳动合同，现在统一把劳动合同的期限修改为 2023 年 1 月 1 日开始，那么，2021 年 6 月 1 日至 2022 年 12 月 31 日是否属于未签书面劳动合同呢？

问答 121 《劳动合同法》中未签合同的二倍工资差额，是指员工未签合同对应月份的工资，还是前 12 个月的平均工资？

在北京地区，未签劳动合同二倍工资差额指的是按照对应月份已支付的相对固定发放的工资标准再支付一遍[②]。

问答 122 劳动合同最后一页没有签名，但是合同内容及封面都填写了，合同有效吗？

一般情况下，劳动合同需要经过劳动者与用人单位签字盖章方可生效，劳动合同签

---

① 《北京市高级人民法院、北京市劳动人事争议仲裁委员会关于审理劳动争议案件法律适用问题的解答》第二十一条。

② 《北京市高级人民法院、北京市劳动人事争议仲裁委员会关于审理劳动争议案件法律适用问题的解答》第二十一条。

字页没有签字的，不视为签订了书面劳动合同①。

问答 123 员工于 8 月 25 日在本公司入职，但该日期属于其在上一单位的休假期间，也就是上一单位出具的离职证明的日期截至 9 月 25 日。本单位与员工签合同应该从哪天开始签？

　　劳动关系自用工之日起建立，用人单位应当自用工之日起一个月之内与劳动者订立书面劳动合同②。

问答 124 劳动合同已于用工 30 日内签署盖章了，但是没发放给员工，这个违反劳动法规定吗？

　　《劳动合同法》第十六条规定，劳动合同文本由用人单位和劳动者各执一份。用人单位未将劳动合同文本交付劳动者的，由劳动行政部门责令改正，给劳动者造成损害的，应当承担赔偿责任③。

问答 125 员工第一次与公司签订的劳动合同马上要到期了，公司与员工协商一致准备签订第二次固定期限劳动合同，可以直接签劳动合同续订书吗？续订书也需要双方各执一份，是吗？

　　可以签订劳动合同续订书，双方应当各执一份。

问答 126 人事行政部门的印章是否可以用来与员工签劳动合同，有法律效力吗？

　　使用人事行政部门的印章与员工签劳动合同是否有效，没有明确的法律规定。实践中要看该人事行政部门的印章是否向有关部门备案。如果未经备案，用人单位主张无效的，一般不会得到支持，劳动者主张无效的，根据案情，可能会得到支持。

问答 127 与员工签了一年期劳动合同，现在合同期满不想续签，想劝退这名员工，

---

　　① 《劳动合同法》第十六条。
　　② 《劳动合同法》第十条。
　　③ 《劳动合同法》第八十一条。

需要支付补偿金吗？（员工并无过错，只是公司觉得其不能胜任这份工作）

《劳动合同法》第四十六条规定，除用人单位维持或者提高劳动合同约定条件续订劳动合同，劳动者不同意续订的情形外，依照本法第四十四条第一项规定终止固定期限劳动合同的，应向劳动者支付经济补偿。

问答 128 单位和劳动者在第三次签订劳动合同时未征求劳动者意见续签了固定期限劳动合同，劳动者也签字了且没有提出异议，有无风险？

在劳动者未提出异议的情况下，视为劳动者同意签订固定期限劳动合同。

问答 129 连续两次签订固定期限劳动合同之后，第三次必须签无固定期限劳动合同，即使第三次仍签固定期限劳动合同，在仲裁时也会被默认为无固定期限劳动合同，那第三次签合同与不签合同有什么区别吗？反正都会被默认，为什么还需要多一次手续来签合同？

连续两次签订固定期限合同之后，在劳动者提出签订无固定期限劳动合同或明确反对签订固定期限劳动合同情况下，应签订无固定期限劳动合同①，否则需要支付未签订无固定期限劳动合同二倍工资。

问答 130 劳动合同即将到期，第三次合同续签流程已发起，员工提出已经连续订立两次固定期限劳动合同，申请签订无固定期限劳动合同，但事业部领导不同意续签无固定期限劳动合同，想以合同到期为由解除劳动合同，但员工并没有违法违纪事宜，这时我们怎么处理比较好？

用人单位应当按照劳动者的要求签订无固定期限劳动合同②，已经签订了两次固定期限劳动合同，用人单位已经无权单方终止劳动合同。

问答 131 我公司有员工需要经常出差，工作地点不固定，工作地点在劳动合同中应

---

① 《劳动合同法》第十四条。
② 《劳动合同法》第十四条。

怎样约定，需要单独以协议形式约定吗？

用人单位在经营模式、劳动者工作岗位特性等作出特别提示的情况下，可根据工作岗位的性质，约定较为宽泛的工作地点，如约定全国、北京等。

问答 132 劳动合同到期是以重新签订劳动合同的方式续签还是以什么方式续签呢？

劳动合同续订既可以采用重新签订的方式，也可以采用续订书的方式，提醒 HR 注意，续签只是延长劳动合同的期限，不涉及劳动合同中其他内容的变化。

问答 133 劳动者拒签劳动合同，公司可以怎么处理呢？

劳动者在入职后 30 日内拒签的，用人单位可以终止劳动关系，支付工资；超过 30 日不满 1 年的，用人单位可以终止劳动关系，支付工资和解除劳动关系的经济补偿[①]。

问答 134 对未签订书面劳动合同、未续签书面劳动合同、未签订无固定期限劳动合同的二倍工资时效，应如何确定起算和截止时间点？是否主动适用仲裁时效？

各地标准不一，在北京地区，未签书面劳动合同和未续签劳动合同的时效按天起算，不再按整段起算，时效从劳动者主张权利之日起向前计算一年，据此实际给付的二倍工资不超过十二个月；仲裁时效抗辩应由用人单位提出。

问答 135 关于劳动争议，是否可以在签订劳动合同时约定管辖？

劳动争议管辖属于法定管辖，约定管辖不违反法律规定方为有效[②]。

问答 136 如果用人单位丢失员工的劳动合同，是否存在因未签劳动合同需要支付二倍工资的风险，有必要重新补签吗？

用人单位如果无法证明与劳动者签订过书面劳动合同，就存在支付未签劳动合同二

---

① 《劳动合同法实施条例》第六条。
② 《劳动争议调解仲裁法》第二十一条。

倍工资的风险^①。

问答 137 甲的编制归属 A 集团公司，甲在 B 分公司上班，社保缴交地在 B 分公司
所在地，甲的月工资由 A 集团公司支付。请问甲的劳动合同是跟 A 集团
公司签订，还是与 B 分公司签订，哪种更能规避风险？

建立劳动关系应当签订劳动合同，和谁建立劳动关系就应当和谁签订劳动合同，而
不是和谁签能规避风险就和谁签。合规是规避风险最有效的手段。

问答 138 我担任公司的行政岗位，已经过了三个月还处于试用期，企业并未与我签
订劳动合同，可以要求二倍工资赔偿吗？

没签劳动合同就没有试用期。用人单位自用工之日起超过一个月不满一年未与劳动
者订立书面劳动合同的，应当向劳动者每月支付二倍的工资^②。

问答 139 如果一个员工签订了无固定期限劳动合同，离职后再次入职同一单位同一
部门同一岗位，劳动合同是否要延用原无固定期限劳动合同，还是可以单
独约定？

劳动者离职后再次入职原用人单位的，双方建立新的劳动关系，劳动合同期限由双方
商定，但是，用人单位为了规避签订无固定期限劳动合同而人为中断劳动关系的除外。

问答 140 员工合同到期，对续签时间有什么要求吗？

劳动合同到期前，用人单位决定续签或者不续签劳动合同的，应提前通知劳动者
（北京规定应提前三十日通知）。劳动合同过期后，劳动者继续提供劳动的，双方形成事
实劳动关系，用人单位应当及时签订书面劳动合同，否则存在支付未签劳动合同二倍工
资的风险。

问答 141 用人单位招聘出纳或其他重要岗位人员，需要担保人，但是从流程上怎么

---

① 《劳动合同法》第八十二条。
② 《劳动合同法》第八十二条。

处理合适呢？

用人单位招用劳动者，不得扣押劳动者的居民身份证和其他证件，不得要求劳动者提供担保或者以其他名义向劳动者收取财物 [1] 。

问答 142 我们与员工签订劳动合同后，可以针对额外的工作再签订一份类似小时工作的协议吗？

一个单位和一个劳动者在同一时间内只能有一重劳动关系。

问答 143 入职申请表算不算劳动合同？该员工现已离职，劳动合同丢失了，在公司文件柜内找到了该员工入职时填写的一张入职申请表。

入职申请表是登记劳动者基本信息，用于用人单位了解劳动者基本信息的声明性文件，劳动合同是约定劳动者和用人单位权利义务的协议性文件。

问答 144 公司招聘出纳，让签订担保书，这种操作对劳动者个人有什么风险呢？

用人单位招录劳动者，不得要求劳动者提供担保 [2] ；从个人角度看，只要劳动者遵纪守法，一般就不会有什么法律风险。

问答 145 劳动合同期限中的以上和以下是不是包含本数？这个解释是参照哪个法条呢？

《民法典》第一千二百五十九条规定，民法所称的"以上""以下""以内""届满"，包括本数；所称的"不满""超过""以外"，不包括本数。

问答 146 我司在 H 城，属于建筑行业，但业务（项目部）范畴涉及全国各地，未来可能会有境外业务，公司经营场所和工作地点具有临时性、流动性和不固定性特点。如何合理合法约定工作地点以最大限度保障用人单位的用工自主权？

---

① 《劳动合同法》第九条。
② 《劳动合同法》第九条。

根据用人单位的业务特点和劳动者的工作性质，用人单位可与劳动者约定比较宽泛的工作地点，如连锁企业的"督导员"，约定的工作地点为"全国"，虽然工作地点约定比较宽泛，但是因为"督导员"的工作性质和特点，约定为"全国"就具有合理性。

问答 147 员工劳动合同到期，一个月内续签都可以吧？一个月内续签的，不需要二倍工资赔偿吧？

用人单位应在劳动者入职后 1 个月内签订劳动合同 ①。劳动合同到期后多长时间续签，各地标准不一，在北京地区，并无 30 天的宽限期。

问答 148 用人单位七个月不签劳动合同，后来合同倒签至入职当天，请求二倍工资如何举证？

在北京，倒签劳动合同至入职当日，用人单位无须支付未签劳动合同二倍工资差额。

问答 149 因为人事部保管不善，导致员工劳动合同丢失，现在员工不愿意补签，该如何处理才能避免二倍工资赔偿？

用人单位如果有其他证据能够证明与劳动者签订过劳动合同也可以避免二倍工资差额的索赔，如《员工花名册》等。

问答 150 聘用已满 16 周岁未满 18 周岁的人需要签订劳动合同吗？违法吗？签订劳务合同或实习协议可以吗？

用人单位与未成年人建立劳动关系的，应当签订劳动合同。任何组织或者个人按照国家有关规定招用已满十六周岁未满十八周岁的未成年人的，应当执行国家在工种、劳动时间、劳动强度和保护措施等方面的规定，不得安排其从事过重、有毒、有害等危害未成年人身心健康的劳动或者危险作业 ②。

---

① 《劳动合同法》第十条。
② 《中华人民共和国未成年人保护法》第六十一条。

问答 151 企业聘用不上岗的残疾人有什么风险？是否存在第二次固定期限劳动合同到期应签订无固定期限劳动合同的要求？

《劳动合同法》未区分劳动者是否为残疾人，对残疾人劳动合同的管理依照《劳动合同法》的一般规定处理，连续签订两次固定期限劳动合同后，劳动者要求续签无固定期限劳动合同的，用人单位应当与其续签无固定期限劳动合同。

问答 152 员工考上全日制研究生，但是因为课程比较少，并不想辞职，提出一边工作一边学习，从劳动关系来讲这样合理合法吗？

既然是全日制的，应该以学业为主，工作为辅，双方应当变更劳动合同的形式和内容。比如，可以重新签订非全日制用工劳动合同等。

问答 153 外国人就业许可证是他自己去办，还是公司去办？

用人单位聘用外国人，须填写《聘用外国人就业申请表》，向其与劳动行政主管部门同级的行业主管部门提出申请①。

问答 154 公司超三个月未签劳动合同，现在让员工补签合同，员工要求将合同日期写为现在签合同的日期，而非之前的用工日期，以后员工提起诉讼是否可以追回之前未签合同的二倍工资差额？

在仲裁时效内可以要求用人单位支付未签劳动合同的二倍工资。

问答 155 公司与员工已经签订劳动合同了，但是合同一直放在公司，员工没拿，公司也没给员工，现在员工离职了并要求公司支付二倍工资，公司需要支付吗？

《劳动合同法》第八十二条规定，用人单位自用工之日起超过一个月不满一年未与劳动者订立书面劳动合同的，应当向劳动者每月支付二倍的工资。如果用人单位有证据证明已经签了劳动合同，就不需要支付未签劳动合同的二倍工资了。

---

① 《外国人在中国就业管理规定》第十一条。

问答 156 企业是否可以以劳动者谷丙转氨酶高拒绝其入职？

谷丙转氨酶高可能由多种因素造成，用人单位直接以谷丙转氨酶高为由拒绝劳动者入职，没有法律依据。实践中，应该不会有用人单位 HR 说"某某，你谷丙转氨酶高，公司无法录用你"。

问答 157 合同到期后如果是公司不想续签，公司必须赔偿吗？

劳动者与用人单位第一次签订固定期限劳动合同，劳动合同到期后，用人单位不同意续签的，依照《劳动合同法》第四十六条第五项规定，支付经济补偿。

问答 158 按照原来的每月基本工资续签劳动合同，而原合同上明确约定了年底奖金金额，续签合同没有约定奖金（就是在续签合同中不会像之前那样，明确写年底发奖金 ××× 元），这算降低条件续签吗？

应当属于降低劳动合同约定条件，因为员工原本确定取得的工资现在变为不确定的收入了，增加了员工承受的风险，视为降低了劳动合同约定条件。

问答 159 员工已经连续签订两次一年期劳动合同，如果公司坚持继续签订固定期限劳动合同，这样的合同是有效还是法定无效呢？

《劳动合同法》第十四条规定，劳动者提出或者同意续订、订立劳动合同的，除劳动者提出订立固定期限劳动合同外，应当订立无固定期限劳动合同。该条已经明确，在该条规定的情形下，订立固定期限劳动合同的唯一条件是劳动者提出。《劳动合同法》第八十二条第二款规定，用人单位违反本法规定不与劳动者订立无固定期限劳动合同的，自应当订立无固定期限劳动合同之日起向劳动者每月支付二倍的工资。

问答 160 如果公司通过绩效考核认定员工不符合岗位要求，对员工进行调岗，这样有没有法律风险？需不需要知会公司工会？

如果劳动者不能胜任工作，用人单位具有法定调岗的权利[1]。调岗不需要通知工会。

---

[1] 《劳动合同法》第四十条。

问答 161 一个专业的 HR 可以在任职期间不给自己签劳动合同且以此为由要求公司支付二倍工资差额吗?

如果 HR 的工作职责里有签订劳动合同这一项,除非 HR 能够证明是公司拒绝和他签订劳动合同,否则 HR 是无法要到未签劳动合同二倍工资差额的。

问答 162 我与公司 2014 年 9 月签了一份 1 年期劳动合同,之后就一直没续签劳动合同。现在我提起仲裁要求未签劳动合同的二倍工资,这其中会不会涉及超过一年按无固定期限劳动合同算,不给补偿的那种情况?

会的。未签劳动合同从第十三个月开始视为双方签订了无固定期限劳动合同[1],不需要支付未签劳动合同二倍工资。

问答 163 公司提供员工体检福利,有权要求体检机构向公司提供员工的体检结果吗?

需要考察劳动者的岗位性质等因素,如公交车司机、餐饮人员等,用人单位就有权要求劳动者提供身体健康的证明文件;如果体检涉及劳动者隐私,如乙肝病毒检测,用人单位无权获得劳动者体检结果。

问答 164 劳动者第二次劳动合同期满,公司未与其续签劳动合同,也未向其送达劳动合同终止通知,但双方依然维持事实劳动关系。公司将承担哪些不利后果?

需要支付二倍工资[2]。

问答 165 劳动合同到期已经一年了,现在补签还需支付二倍工资吗?是除已给的工资外再支付一倍吗?支付后可以解除合同关系吗?

劳动者同意倒签至入职之日或者劳动合同到期后一日就不需要支付二倍工资差额;二倍工资差额是指额外支付一倍;双方已经形成无固定期限劳动合同关系,必须依法解除。

问答 166 劳动合同已经续签四次,目前为固定期限劳动合同,到期后公司不续签会

---

[1] 《劳动合同法》第十四条。

[2] 《劳动合同法》第八十二条。

有什么风险吗？

连续订立二次固定期限劳动合同，续订劳动合同的，应订立无固定期限劳动合同。用人单位与劳动者连续签订四次固定期限劳动合同，应续订无固定期限劳动合同，如果不续订直接终止，属于违法终止劳动合同，除非劳动者同意终止。

问答 167 可不可以在劳动合同中写明"提出书面辞职后，未干满一个月扣罚 ××× 元"的条款？

不可以，用人单位扣罚劳动者工资没有法律依据。

问答 168 工作四年没有签劳动合同，还可以要求二倍工资吗？

不会获得支持了，已过仲裁时效[①]。

问答 169 入职 offer 已经发了，其中涉及服务年限及月工资金额，有效期一个月，对方辞职后，我们不想聘用了。现在得做赔偿，对方主张让我们赔付三倍月工资，我们想给她一个月工资作为赔偿，是否符合法律规定？

用人单位违反诚实信用原则，赔偿劳动者损失是必然的。至于数额，需要按照 offer 中的约定数额支付或者双方协商，协商不成诉诸法院，由法官依据实际情况酌情裁判。

问答 170 员工签订的纸质材料，如公司制度等（多页），仅在最后一页签名，未在骑缝签名，如果员工只认签名页的内容，其他页不认，这会获得法律上的支持吗？

不一定，是否会得到支持要根据具体案情判断。如果《员工手册》有 100 多页，要求劳动者在每页上都签字，这样肯定不行。

问答 171 如果公司只有一位 HR，也没有在劳动合同中明确相关职责，这位 HR 是

---

① 《劳动争议调解仲裁法》第二十七条。

否有承担常规事务的责任呢？

发生劳动争议，关于劳动者岗位情况的举证责任在用人单位，如果用人单位不能举证证明 HR 的工作职责里有签订劳动合同这一项，那么用人单位需承担举证不能的不利后果，法院不会推定劳动者承担这些职责。

问答 172 我公司是采用入职当天签订劳动合同的形式，签订完成后，还需要加盖公章，所以大部分员工的劳动合同都还在公司手里，现有员工已办理完离职手续，要求公司将之前签订的劳动合同给他（不止一名员工，是同一个部门的 N 名员工，该部门员工集体离职，现又集体索要劳动合同）。公司给或不给劳动合同分别有什么法律风险呢？

劳动合同签订后，用人单位和劳动者应各执一份[①]；用人单位未将劳动合同文本交付劳动者的，由劳动行政部门责令改正；给劳动者造成损害的，应当承担赔偿责任[②]。

问答 173 因年度聘任产生的岗位调整是否可以不逐一签订劳动合同变更协议，直接在劳动合同中写明岗位根据公司聘任制度在年度聘任时确定可以吗？

工作内容是劳动合同的必备条款[③]，工作内容应当具体、明确、可预期，在劳动合同中写明岗位根据公司聘任制度在年度聘任时确定属于约定不明，岗位调整前，用人单位仍需与劳动者签订劳动合同变更协议书。

问答 174 第 2 次劳动合同到期后，员工同意并签订了第 3 次固定期限劳动合同，那么第 3 次固定期限劳动合同到期后，如公司不再续签，属于违法解除需支付双倍赔偿金的情形吗？还是可以按到期不续签支付经济补偿金呢？

这种情况属于违法终止劳动合同，需支付违法终止劳动合同赔偿金或继续履行劳动合同，取决于劳动者的选择。

---

① 《劳动合同法》第十六条。
② 《劳动合同法》第八十一条。
③ 《劳动合同法》第十七条。

问答 175 公司可以要求来应聘的劳动者缴纳保证金若干，等工作 1 年后再退还吗？

用人单位不得要求劳动者提供担保或以其他名义向劳动者收取财物，否则由劳动行政部门责令限期退还劳动者本人，并以每人五百元以上两千元以下的标准处以罚款，给劳动者造成损害的，应当承担赔偿责任[①]。

问答 176 劳动合同到期不续签需要提前 30 日通知吗？

各地规定不一，《北京市劳动合同规定》规定，劳动合同期限届满前，用人单位应当提前 30 日将终止或者续订劳动合同意向以书面形式通知劳动者，经协商办理终止或者续订劳动合同手续。用人单位违反上述规定，终止劳动合同未提前 30 日通知劳动者的，以劳动者上月日平均工资为标准，每延迟 1 日支付劳动者 1 日工资的赔偿金。

问答 177 劳动合同续签以邮件形式通知，有法律效力吗？公司以合同条款不变通知员工续签，员工不续签劳动合同，是按申请离职处理吗？

用人单位需要证明已经通知到劳动者续签即发生法律效力。第一次固定期限劳动合同到期，用人单位维持或者提高劳动条件，劳动者不续签的，按照劳动合同到期终止处理即可，此种情形下，用人单位不需要支付经济补偿。

问答 178 若公司未及时与员工续签劳动合同，导致事实劳动关系超过一年的，按照二倍工资的标准支付经济补偿的期限是多久？

在北京地区，二倍工资适用时效的计算方法为：在劳动者主张二倍工资时，因未签劳动合同行为处于持续状态，所以时效可从其主张权利之日起向前计算一年，据此实际给付的二倍工资不超过十二个月。

问答 179 我于 2015 年 7 月入职，签了一年期劳动合同，2016 年 7 月之后就没有再签合同，目前在岗，单位需要支付二倍工资吗？如果现在去申请仲裁还能索赔吗？

---

① 《劳动合同法》第八十四条。

用人单位应当支付 2016 年 8 月至 2017 年 7 月未续签劳动合同的二倍工资差额，未续签劳动合同二倍工资已过仲裁时效。

问答 180　物业公司要求全体员工上交护照、通行证件由公司留存保管，个人使用前向公司提出申请经审批批准后才可以领回。这样做是否合法？

用人单位招用劳动者不得扣押劳动者的居民身份证和其他证件[①]。劳动合同履行期间，用人单位强制性要求员工上交护照、通行证件没有法律依据。

问答 181　如果员工拒签书面劳动合同，公司单方解除劳动关系是否属于合法解除？是否需要向员工支付经济补偿金（N+1）？

劳动者入职一个月内如果拒绝签订书面劳动合同，用人单位可以依法解除劳动关系，不需要支付经济补偿[②]；劳动者入职后超过一个月未满一年，用人单位以劳动者拒签劳动合同为由解除劳动关系的，需要支付经济补偿[③]。

问答 182　员工要求补签劳动合同至实际用工日，单位不同意属于拒签吗？

属于用人单位未与劳动者签订书面劳动合同，应当支付二倍工资差额[④]。

问答 183　续签劳动合同的法律规定是否比首签更严格？首签有一个月的宽限期，续签没有，到期当月就必须续签，是吗？

各地标准不一，北京没有续签劳动合同一个月的宽限期。

问答 184　员工入职后的前 29 天是不是可以不签合同、不缴社保？

用人单位应在劳动者入职三十天内签订劳动合同[⑤]；用人单位应当自用工之日起

---

① 《劳动合同法》第九条。
② 《劳动合同法实施条例》第五条。
③ 《劳动合同法实施条例》第六条。
④ 《劳动合同法》第八十二条。
⑤ 《劳动合同法》第十条。

三十日内为其职工向社会保险经办机构申请办理社会保险登记①。

问答 185 用人单位与员工的劳动合同期限还有一个月就届满。用人单位想在合同期限届满后终止与员工的合同关系或调整岗位后续签合同，但不愿意支付经济补偿，如果员工不同意，有什么办法达到用人单位的目的吗？

用人单位在维持原劳动合同条件或者提高劳动合同条件下，如果劳动者不续签，用人单位可以不用支付经济补偿②，除此之外，用人单位终止到期劳动合同的，都应当支付经济补偿。

问答 186 《劳动合同法》第几条规定，用人单位不续签合同需要提前三十天通知？

《劳动合同法》中没有规定用人单位不续签劳动合同需要提前三十天通知劳动者，在地方性的政策法规中有这样的规定，如《北京市劳动合同规定》第四十条、第四十七条。

问答 187 员工劳动合同到期，HR 已经催过很多次让员工到人事部续签，但员工一直不来，因员工不在办公室办公，HR 找不到人，最后问出原因是员工想涨工资，但部门不同意涨，员工就不签，作为 HR 该怎么处理可以防范风险？

作为履行管理职责一方的用人单位，应当在劳动合同到期前完成续订或者终止工作，否则风险非常大。

问答 188 我们公司在深圳，原来劳动合同中的工作地点写的是公司名字，现在劳动合同增加了内容："若由于公司经营需要或乙方工作性质需要在上述地点工作范围内进行调整的，乙方将同意甲方安排。如届时乙方违反约定不服从甲方安排的，甲方可依法解除劳动合同关系并不予支付任何补偿金"并将工作地点改为广东省内，这样做的目的是公司有可能要搬迁。问题为：员工合同到期了，要续签，员工是不是有权拒绝呢？如果合同必须这样写，

---

① 《中华人民共和国社会保险法》（以下简称《社会保险法》）第五十八条。
② 《劳动合同法》第四十六条。

员工拒绝续签，公司是否应当给予经济补偿？

如果是在劳动合同期限内，双方应就劳动合同变更达成一致[①]。如果劳动合同到期，用人单位变更工作地点且不具有合理性的，劳动者拒签，用人单位应支付终止劳动合同的经济补偿[②]。

| 问答 189 | **员工合同到期，用人单位提出不续签，要支付经济补偿吗？补偿标准是什么？**

劳动合同期满，除用人单位维持或者提高劳动合同约定条件续订劳动合同，劳动者不同意续订的情形外，依照《劳动合同法》第四十四条第一项规定，终止固定期限劳动合同的，应向劳动者支付终止劳动合同经济补偿[③]。补偿标准按照《劳动合同法》第四十七条计算。

| 问答 190 | **第 2 次固定期限劳动合同到期，如果单位不续签是否可以？怎么补偿？**

用人单位与劳动者连续订立两次固定期限劳动合同，且劳动者没有《劳动合同法》第三十九条和第四十条第一项、第二项规定的情形，续订劳动合同的，应签订无固定期限劳动合同[④]。连续订立两次固定期限劳动合同的，用人单位无权单方终止劳动合同。

| 问答 191 | 员工自 2014 年与 A 公司连续签订了三次劳动合同（3 年／次），2021 年5 月，公司要求将全体员工的劳动合同主体变更为 B 公司（A、B 公司是两个独立法人，公司内部文件说 A、B 公司都隶属于集团 C 公司名下），但该员工在 2021 年未签订劳动变更合同，现该员工的劳动合同将于 4 月中旬到期，请问如果公司不续签，有何风险？（注：自劳动合同变更之日起，工资发放均由 B 公司承担）

---

① 《劳动合同法》第三十五条。
② 《劳动合同法》第四十六条。
③ 《劳动合同法》第四十六条。
④ 《劳动合同法》第十四条。

连续订立两次固定期限劳动合同后，用人单位不能单方终止劳动合同①。该员工劳动合同 4 月中旬到期，公司不能单方终止劳动合同，劳动者提出或者同意续订的，应当订立无固定期限劳动合同。

问答 192 与公司签订第三次劳动合同时，公司要求员工同意不签无固定期限劳动合同，如果员工同意并签了固定期限劳动合同，请问离职时还能申请仲裁索要因公司不予签订无固定期限劳动合同的经济补偿金吗？

不能，双方已经在协商一致的情况下签订了固定期限劳动合同，该固定期限劳动合同合法有效。

问答 193 员工合同到期，公司不想续签，但又不想赔付，有什么办法？可否以业绩不达标为由解除劳动合同？

第一次固定期限劳动合同到期，用人单位终止劳动合同的，应当依法支付经济补偿。业绩不达标不是解除劳动合同的法定理由，不胜任工作才是②。

问答 194 连续订立两次固定期限劳动合同后，用人单位不想再续签，并同意支付赔偿金。如果劳动者要求继续履行劳动合同，用人单位必须继续履行吗？如果不具备继续履行的客观条件的话，该如何操作？

如果劳动者要求继续履行，用人单位应与劳动者签订无固定期限劳动合同③。如果第二次固定期限劳动合同到期后确实不具备继续履行的条件④，如劳动者达到法定退休年龄，用人单位按照正常流程办理劳动合同终止手续即可。

问答 195 员工于 2020 年 3 月 8 日入职，没有签订合同，2022 年 1 月辞职，2022

---

① 《劳动合同法》第十四条。
② 《劳动合同法》第四十条。
③ 《劳动合同法》第十四条。
④ 《北京市高级人民法院、北京市劳动人事争议仲裁委员会关于审理劳动争议案件法律适用问题的解答》第九条。

年3月18日员工提起劳动仲裁，索要二倍工资。劳动仲裁时效是不是已过，不应支付二倍工资吧？

在北京地区，未签劳动合同二倍工资差额的仲裁时效按天计算。劳动者2020年3月8日入职，2022年3月8日之后提出仲裁主张未签劳动合同二倍工资差额，已过仲裁时效。

问答 196 如果合同续签，公司提前28天告知，但是员工不同意续签，那他是否可以要求公司支付1个月的代通知金？如果公司只支付2天的代通知金，是否合法？

在北京地区，劳动合同期限届满前，用人单位应当提前30日将终止或者续订劳动合同意向以书面形式通知劳动者，用人单位终止劳动合同未提前30日通知劳动者的，以劳动者上月日平均工资为标准，每延迟1日支付劳动者1日工资的赔偿金①。

问答 197 员工第二次劳动合同到期了，领导打算不续签，让我们给员工发送合同到期不续签通知书，这会有什么风险吗？

第二次固定期限劳动合同到期的，用人单位不得直接终止劳动合同，劳动者有权利要求续签无固定期限劳动合同或者要求公司支付违法终止劳动合同的赔偿金②。

问答 198 公司可以在合同中约定"员工合同期内辞职赔偿公司招聘的猎头服务费"吗？

劳动者提前三十日书面通知用人单位即可解除劳动合同是法律赋予劳动者的任意解除权③；用人单位只能就劳动者违反服务期约定和竞业限制义务与劳动者约定违约金；劳动者违法解除劳动合同给用人单位造成损失的，用人单位可以要求劳动者赔偿④，其中损失包括用人单位招收录用劳动者所支付的费用⑤。

---

① 《北京市劳动合同规定》第四十七条。
② 《劳动合同法》第十四条、第四十八条。
③ 《劳动合同法》第三十七条。
④ 《劳动合同法》第九十条。
⑤ 《违反〈劳动法〉有关劳动合同规定的赔偿办法》第四条。

问答 199 前几天接到两家公司的入职通知，选了一家，把另一家回绝了，约定好了明天去上班的，结果这家公司今天又说让我不要去了。我能要求这家公司赔偿经济损失吗？（这家公司没有给我发正式邮件，只是在某招聘软件上通知我，有聊天记录）

如果证据确凿充分的话，可以主张赔偿。

问答 200 劳动合同中关于劳动报酬能否不约定具体的报酬金额？

可以，但要约定具体的计算办法且根据这个计算办法能够计算出具体的数额。

问答 201 劳动合同中必须约定明确的劳动报酬吗？

劳动合同对劳动报酬等标准约定不明确，引发争议的，用人单位与劳动者可以重新协商；协商不成的，适用集体合同规定；没有集体合同或者集体合同未规定劳动报酬的，实行同工同酬；没有集体合同或者集体合同未规定劳动条件等标准的，适用国家有关规定[①]。

问答 202 劳动合同中是否需要明确薪资的具体金额呢？

在劳动合同中可以约定具体的数额，如月薪 2 万元，月薪 8000 元。这里约定的工资数额是每月固定发放的数额，非固定发放部分不能在此约定具体的数额，如绩效工资就不能约定绩效工资为 12000 元/月，可以约定绩效工资的考核基数是 12000 元，根据考核结果，基数乘以系数得出具体绩效工资的数额。在劳动合同中除可以约定具体的数额外，也可以约定工资发放的方式，如约定按照公司薪酬管理规定计发，当然按照这个规定一定是真的可以计算出劳动者确定的工资数额的。

问答 203 公司与员工签订协议约定员工绩效不达标就解除劳动合同并不予赔偿，这种约定是否合法呢？

绩效不合格属于不胜任工作的范畴，对于不胜任工作的劳动者用人单位不能直接解

① 《劳动合同法》第十八条。

除劳动合同，需要经过调岗或者培训后，劳动者仍然不能胜任工作方可解除[①]。用人单位依据双方关于绩效不合格的约定解除劳动合同的，很可能会被认定为违法解除。

问答 204 可以在劳动合同里约定"员工不胜任工作时必须接受公司调岗，如果不接受调岗视为严重违反公司制度，公司将解除劳动合同并不支付补偿金"吗？

在《员工手册》里规定更为稳妥。

问答 205 招聘公交车驾驶员能否设置不招高血压、糖尿病病人这类规定？

用人单位可以根据本企业生产经营特点，设定不带有歧视性的录用条件。公交公司为了安全起见，可以规定不招录因身体健康原因可能影响驾驶安全的人员。

问答 206 今天在整理单位合同时发现有个别员工的合同里写着工资 xx 元，社保和公积金按另一个数缴纳。这样的合同是不是本身就是违规合同？如果员工拿着这样的合同申请仲裁的话，公司需要承担什么样的后果呢？

社保和公积金缴费基数低于合同约定工资的，本身不影响劳动合同的效力。但如果劳动者去劳动行政部门举报，劳动行政部门查证后认定劳动者的实际收入和缴费基数不符，用人单位除补缴外可能还要缴纳滞纳金[②]。

问答 207 我们招了一名员工，他那边从提起离职已经 30 个工作日了，但是原来的单位不给他离职证明。这种情况下我们能让他入职吗？

劳动者提前三十日以书面形式通知用人单位，可以解除劳动合同[③]。劳动者提前三十日书面辞职，劳动合同在第三十一日就已经被解除，劳动者和用人单位就不存在劳动关系了。新单位可以根据自己的用工需求和掌握的情况经评估后决定是否录用该劳动者。还有一点需要提示用人单位，如果劳动者负有竞业限制义务，你单位和该员工所在单位又存在竞争关系的，在竞业限制期限内，谨慎录用该员工。

---

① 《劳动合同法》第四十条。
② 《社会保险法》第八十六条。
③ 《劳动合同法》第三十七条。

问答 208 约定的服务期违约金是 10 万元，公司提供的专业技能培训一共是十个人（做的同一个培训），那么可以要求每个人的违约金是 1 万元还是 10 万元呢?

用人单位为劳动者提供专项培训费用，对其进行专业技术培训的，可以与该劳动者订立协议，约定服务期。劳动者违反服务期约定的，应当按照约定向用人单位支付违约金。违约金的数额不得超过用人单位提供的培训费用。用人单位要求劳动者支付的违约金不得超过服务期尚未履行部分所应分摊的培训费用[①]。用人单位如果无法证明该劳动者的培训费用为 10 万元，主张 10 万元违约金很难获得支持。此外，还要注意"用人单位要求劳动者支付的违约金不得超过服务期尚未履行部分所应分摊的培训费用"的规定。

———————————

① 《劳动合同法》第二十二条。

第三章

试用期管理问答

问答 209 员工曾在总公司任职过，请问离职后在分公司重新入职是否可以约定试用期呢？

同一用人单位与同一劳动者只能约定一次试用期[1]。如果总公司和分公司是一套人力资源管理系统，分公司没有独立的用工权，不建议劳动者离职后在分公司重新入职时再次约定试用期。

问答 210 离职再入职可以再次约定试用期吗？

关于同一单位是不是可以第二次约定试用期，截至目前，主流的观点是同一个单位和同一个劳动者只能约定一次试用期[2]，不管中间是不是离职、离职多长时间、从事的岗位有没有发生变化。当然，在实践中还有其他的观点，如有观点就认为，如果岗位发生了实质性的变化，第二次入职时就可以约定试用期，或者在法定试用期期限内，双方可以约定延长试用期，如劳动合同期限为 3 年，试用期为 3 个月，试用期期满之前，双方可以决定再延长三个月试用期。

问答 211 劳动合同期限为一年三个月，试用期约定为两个月没问题吧？

《劳动合同法》第十九条规定，劳动合同期限一年以上不满三年的，试用期不得超过两个月，所以一年三个月的劳动合同约定两个月的试用期符合法律规定。另外，签订期限一年的劳动合同，试用期也可以约定为两个月。

---

[1] 《劳动合同法》第十九条。
[2] 《劳动合同法》第十九条。

问答 212 ┃ 单独的试用期合同是无效的吗?

单独的试用期合同,试用期不成立,该期限为劳动合同期限①。

问答 213 ┃ 员工再次入职,合同主体不变,岗位地点有变化,这样可以约定试用期吗?
还有一种情况,员工甲到 A 公司入职,约定试用期 6 个月。入职 3 个月后员工甲离职,一段时间后,甲又到 A 公司入职,是否可以约定 3 个月试用期?

同一用人单位与同一劳动者只能约定一次试用期②,这里的"一次"应当机械地理解,即同一个用人单位和同一个劳动者之间无论建立过几次劳动关系,只能在双方第一次建立劳动关系时约定一次试用期。当然,还有一些其他观点。

问答 214 ┃《劳动合同法》中有关于试用期太短也违法的规定吗?

《劳动合同法》规定两种情况下(以完成一定工作任务为期限的劳动合同和劳动合同期限在 3 个月以内的)不得约定试用期,如果约定了试用期,属于违法,当然在这两种情况下约定特别短的试用期也违法。除此之外,在允许约定试用期的情况下,对试用期特别短的,法律并不干预。

问答 215 ┃ 我单位一位员工去年 8 月离职,今年 3 月又重新入职,签劳动合同时还能约定试用期吗?

不能,劳动者与同一用人单位只能约定一次试用期③。

问答 216 ┃ 员工签了 3 年的劳动合同,约定 6 个月的试用期,是否符合相关法律? 是否可以先签一个试用期合同,试用期过后再签正式合同呢?

员工签 3 年的合同,约定 6 个月试用期符合规定;劳动合同仅约定试用期的,试用期不成立,该期限为劳动合同期限④。

---

① 《劳动合同法》第十九条。
② 《劳动合同法》第十九条。
③ 《劳动合同法》第十九条。
④ 《劳动合同法》第十九条。

问答 217 期限两年的劳动合同约定 3 个月试用期合法吗?

劳动合同期限一年以上不满三年的,试用期不得超过两个月[①],所以两年期劳动合同的试用期最长不超过两个月。

问答 218 如果签两年两个月的合同,试用期可以是 3 个月吗?

不可以,劳动合同期限一年以上不满三年的,试用期不得超过两个月[②]。

问答 219 如果离职的员工重新加入公司,但加入的是不同的部门,从事不同的职位,还可以设定相应的试用期吗?

同一个用人单位和同一个劳动者只能约定一次试用期[③]。

问答 220 员工之前是和总公司签的合同,二次入职时和子公司签订劳动合同,可以约定试用期吗?

《劳动合同法》第十九条第二款规定,同一用人单位与同一劳动者只能约定一次试用期。总公司和子公司属于不同的用工主体,所以不能称为"二次"入职,实际上就是第一次,除非劳动者是被总公司安排到子公司工作的。

问答 221 在法律规定的试用期期限内,延长试用期是否还需要员工本人签字同意? 如果员工不同意,公司就不能延长试用期吗?

同一用人单位与同一劳动者只能约定一次试用期[④],一般情况下,试用期不得约定延长。

问答 222 三年期劳动合同试用期可以约定为 5 个月吗?

可以。三年以上(含三年)固定期限劳动合同试用期不得超过六个月[⑤]。

---

① 《劳动合同法》第十九条。
② 《劳动合同法》第十九条。
③ 《劳动合同法》第十九条。
④ 《劳动合同法》第十九条。
⑤ 《劳动合同法》第十九条。

问答 223　与员工订立劳务合同，能否约定试用期？如果可以，是否类同劳动合同操作或是协商约定试用期期限？

劳务关系不受劳动法律调整。试用期是劳动法中的概念，不应该出现在劳务合同中。

问答 224　劳动合同期限一年，可以约定两个月的试用期吗？

可以，劳动合同期限一年以上不满三年的，试用期不得超过两个月[①]。

问答 225　关于延期转正，也就是延长试用期的问题，详细讲讲。

目前的主流观点对延长试用期持否定态度，无论延长后是否超过法律规定的最长时限，均属无效。例如，北京市第三中级人民法院（2014）三中民终字第 11721 号判决书就认为，用人单位与劳动者只能约定一次试用期，即便未达法定最高限的试用期，也不能再次约定延长试用期。当然，也有观点认为，虽然《劳动合同法》第十九条规定同一用人单位与同一劳动者只能约定一次试用期，但双方协商一致，延长试用期只要不超过法律规定的最长期限就应当视为对劳动合同的变更而非再次约定试用期。

问答 226　我们公司有一名出纳，现在还没过试用期，她做事特别不细心，公司想辞退她，应该直接面谈就可以了吧？

试用期解除劳动合同需要用人单位证明劳动者不符合录用条件[②]。工作不细心属于主观性评价，显然不能成为录用条件，因此不能以劳动者工作是否细心来判断劳动者是否符合录用条件。

问答 227　如果试用期内员工住院治疗、请病假或其他原因不能上班，没办法试用，可否约定试用期中止，等他回来再继续试用？

可以，在劳动合同里约定或者在规章制度里明确规定即可。

问答 228　法律规定员工试用期内离职需提前 3 天通知用人单位，如果由于公司业务

---

① 《劳动合同法》第十九条。
② 《劳动合同法》第三十九条。

需求，要求员工提前 7 天通知，但是该员工没有提前通知，由此给用人单位造成的经济损失，是不是可以从员工工资中扣除？员工不提前通知用人单位，没做好交接工作，这种现象怎么用法律手段规避？

提前三天通知是法律赋予劳动者的权利，用人单位规定提前七天通知限缩了劳动者的权利，规定无效，用人单位的损失应当由用人单位承担，用人单位无权扣发劳动者工资；试用期内，劳动者没有提前通知用人单位解除劳动合同或者没有按照约定办理工作交接，给用人单位造成损失的，应当赔偿[①]。

问答 229 不能延长试用期，是吗？

试用期能否延长存在较大争议，一般情况下，试用期不得延长，但如果出现特殊情形如试用期间劳动者休病假等，可以延长，但必须在劳动合同或相关制度中约定或者规定。

问答 230 我公司的一名销售，已入职，现在在试用期，体检报告显示他是糖尿病病人，这种情况是否属于不符合录用条件？

试用期间，劳动者被证明不符合录用条件的，用人单位可以解除劳动合同[②]。当然，用人单位需证明劳动者不符合录用条件，所以用人单位需要在劳动合同或相关制度中对录用条件作出约定或规定。如果在录用条件里有约定，劳动者身体健康，无任何急、慢性疾病，身体情况符合岗位要求，解除尚有可能。

问答 231 如果公司一直拖着没给员工转正，并且一直没有给员工调薪，有什么风险？

员工试用期结束后即转正，应该按正式员工待遇发放工资。若低于转正后工资标准，属于无故拖欠劳动报酬。

问答 232 我们公司有一位员工于 4 月 3 日试用期结束，现在部门主管提出该员工不

---

① 《劳动合同法》第九十条。
② 《劳动合同法》第三十九条。

符合录用条件，想跟她解除劳动合同，该员工可能知道公司不想聘用她了，

开了一周的病假单，这种情况下公司应该如何操作才不属于违法解除呢？

如果用人单位能够证明劳动者不符合录用条件，可以在试用期期满之前依法与劳动者解除劳动合同[1]。

问答 233 试用期内觉得员工不合适是需要出具书面材料吗？

试用期觉得员工不合适不是解除劳动合同的法定条件。试用期内，用人单位可以以劳动者不符合录用条件为由解除劳动合同，但录用条件必须明确，劳动者不符合的情形也应当有证据证明。

问答 234 公司有一位员工尚在试用期，由于身体原因住院了，出院时间不确定，但公司还是希望能等这名员工康复后继续工作，现在马上要到约定的试用期期限了，公司可以与员工延长试用期吗？

一般情况下，用人单位不得与劳动者约定延长试用期，因此，存在一定的风险，双方劳动合同另有约定的除外；由于劳动者患病导致用人单位无法正常试用的，延长试用期有可能会获得法院支持。

问答 235 如果试用期是3个月，劳动合同签订的是一年，这个合同是不是无效合同？能不能主张二倍工资差额？

这种情况属于违法约定试用期[2]，劳动合同有效，不能主张未签劳动合同二倍工资。

问答 236 员工8月1日转正，如果到8月1日没有给员工办理转正流程，那他属不属于转正呢？

用人单位与劳动者约定了试用期，试用期期满继续用工的，无论是否办理转正手续，劳动者都已转正。

---

① 《劳动合同法》第三十九条。

② 《劳动合同法》第十九条。

问答 237 公司与员工签了三年期劳动合同，期限为 2018 年 3 月 5 日至 2021 年 3 月 4 日，试用期三个月，期限为 2018 年 3 月 5 日至 2018 年 6 月 4 日，因员工表现不好，延长了两个月试用期，签的是合同变更协议，这样做是否合法？

一般情况下，同一用人单位与同一劳动者只能约定一次试用期[①]，双方不得约定延长。但是近年来，出现过因病假而延长试用期获得法院支持的案例，也出现过在法定最长试用期时长内约定延长试用期获得支持的案例。

问答 238 试用期内劳动者不胜任，可以随时解除吧？

试用期内劳动者被证明不符合录用条件的，用人单位可以即时解除[②]；试用期内劳动者不胜任工作的，应当按照《劳动合同法》第四十条的规定依法解除；如果用人单位和劳动者约定，试用期内不符合录用条件的情形中包括不胜任工作的，用人单位可以依据《劳动合同法》第三十九条的规定解除劳动合同。

问答 239 新入职员工劳动合同期限为 3 年，试用期 3 个月，现因劳动者本人工作能力有限，用人单位想延长试用期，是否合法？如可延长，应如何做？

同一用人单位与同一劳动者只能约定一次试用期[③]，不得约定延长；如果用人单位和劳动者经过协商，将试用期延长至六个月，在有些地区被认定为有效。

问答 240 如果试用期为 3 个月，但只签订了 1 年的劳动合同，这个怎么处理？如果员工在公司工作了 2 年，但签订的是 5 年的劳动合同，那公司支付 2 年的经济补偿就好了吧？

违法约定试用期的，超过法律规定的试用期无效，违法约定的试用期已经履行的，由用人单位以劳动者试用期满月工资为标准，按已经履行的超过法定试用期的期间向劳

---

① 《劳动合同法》第十九条。
② 《劳动合同法》第三十九条。
③ 《劳动合同法》第十九条。

动者支付赔偿金 [①]；经济补偿按劳动者在本单位工作的年限计算 [②]。

问答 241 劳动者入职当日被用人单位安排参加业务学习两个月，用人单位与劳动者约定的试用期为六个月。这六个月的试用期是否可以不包含劳动者参加业务学习的两个月？

试用期应当自入职之日起算。如果劳动者入职的前两个月不算试用期，那就要算作正式的工作时间，正式工作了两个月才开始试用，显然不符合常理。

问答 242 员工试用期未通过考核，公司已经发出解除合同的邮件，员工申请了病假（未提供假条），三天后是否还可以正常解除劳动关系呢？

解除劳动合同通知送达给劳动者即发生法律效力；劳动者申请病假，应符合用人单位请假规定。试用期未通过考核，能不能解除是一个问题。试用期解除的条件是劳动者在试用期被证明不符合录用条件，而不是试用期未通过考核。在试用期未通过考核与试用期被证明不符合录用条件之间用人单位是否建立起了连接？如果它们之间没有连接，这个解除有可能就是违法的。此外，书面通知是解除的基本形式，电子邮件是否属于书面通知在实践中存在争议。所有的解除通知必须送达给劳动者才对劳动者发生法律效力，电子邮件送达给劳动者了吗？这个还需要用人单位进一步举证。

问答 243 有位员工已经过了试用期，公司为其安排转正述职，但是他没有通过，这样的话他在劳动法上是否已转正？公司给他安排了调岗，他也接受了，如果他在新岗位上仍不合适公司要辞退他还需要赔偿吗？给他调岗有什么风险吗？

劳动者过了试用期，事实上已经转正；如果在新岗位上因不胜任工作被合法辞退，用人单位需要支付经济补偿 [③]；调岗应当有法定 [④] 或者约定的理由，否则风险很大。

---

① 《劳动合同法》第八十三条。
② 《劳动合同法》第四十七条。
③ 《劳动合同法》第四十六条。
④ 《劳动合同法》第四十条。

问答 244 跟员工签了三年固定期限劳动合同，当时合同上写的试用期为 3 个月，现在 3 个月试用期到了，但是公司想延长他的试用期，该怎么操作才能合法合理呢？

同一个用人单位与同一个劳动者只能约定一次试用期[①]。这句话要机械地看，即只能约定一次，不能约定第二次，包括双方协商一致也不能延长试用期。当然，在实践中也有其他观点，如只要双方延长试用期没有超过法定试用期限就有效，如劳动合同签订的是 3 年，双方约定了 3 个月的试用期，试用期满后，双方都觉得有必要再延长 3 个月，这样试用期加起来是 6 个月，并没有超过法定最长试用期 6 个月的规定，应认定为有效。如果双方协商延长 6 个月试用期，试用期总计为 9 个月，超过了法定最长试用期，属于违法约定试用期。另外，违法约定试用期的法律后果，是按照违法约定的月份按月向劳动者支付赔偿金，也就是说违法约定了几个月的试用期，就额外支付几个月的工资[②]，不是支付 20% 的差额。

问答 245 合同如果签 3 年，试用期 6 个月，这 6 个月包含在 3 年之内吗？

试用期包含在劳动合同期限内[③]。

问答 246 跟员工签订了 3 年期的合同，试用期 3 个月，试用期过了之后的第三天不想用这名员工了，解除劳动关系是否合法？

试用期结束，劳动者已转正。公司无故解除的话，属于违法解除。

问答 247 试用期内辞退员工要提前多长时间通知？

《劳动合同法》第三十九条规定，劳动者在试用期间被证明不符合录用条件，用人单位可以解除劳动合同，并未规定需要提前多长时间通知，也就是说可以即时辞退。

---

① 《劳动合同法》第十九条。
② 《劳动合同法》第八十三条。
③ 《劳动合同法》第十九条。

问答 248 试用期内开除员工需要赔偿吗？

劳动者试用期间被证明不符合录用条件的，用人单位解除劳动合同无须支付经济补偿。

问答 249 有位员工，还在试用期内，12 月 23 日至 12 月 30 日请假出差，理由是带客户去签合同，但实际上他是 12 月 27 日才去出差地的，最后导致该笔订单流失。领导很恼火，要辞退他，员工提起仲裁，公司会有什么损失吗？

用人单位可以依照试用期间员工不符合录用条件或严重违纪解除劳动合同，如果解除理由成立，不需要支付经济补偿。

问答 250 试用期内提前三天告知员工不符合录用条件而解除劳动关系，要赔偿吗？

试用期内，用人单位以劳动者不符合录用条件为由解除劳动合同无须提前 3 天通知劳动者 ①，也无须支付经济补偿，可立即解除且不支付经济补偿，但用人单位需要有充分证据证明劳动者不符合录用条件，否则可能构成违法解除。

问答 251 试用期内，员工想离职的话，需要提前多久提出？

试用期内，劳动者只需要提前三天告知用人单位即可离职 ②。

问答 252 进入试用期的员工，什么情况下可以辞退？

凡符合《劳动合同法》规定的用人单位可以解除劳动合同情形的 ③，都可以解除。

问答 253 如果试用期间公司想单方解除，但是不能提供不胜任证明，会按赔偿走，还需要支付 1 个月的代通知金吗？

用人单位试用期间违法解除劳动者的，需要支付违法解除劳动合同赔偿金或继续履行劳动合同，不需要支付代通知金 ④。

---

① 《劳动合同法》第三十九条。
② 《劳动合同法》第三十七条。
③ 《劳动合同法》第三十九条、第四十条、第四十一条。
④ 《劳动合同法》第四十条、第四十八条。

问答 254 试用期间解除劳动合同，用人单位不用提前通知员工吧？是否要支付补偿金呢？

劳动者在试用期间被证明不符合录用条件的，用人单位可以解除劳动合同①，没有提前通知的规定，也无须支付解除劳动合同经济补偿。

问答 255 我的顾问单位想与一位试用期员工解除劳动合同，可是不存在《劳动合同法》所规定的可以任意解除的情形，用人单位需要支付赔偿金吗？

试用期内，劳动者被证明不符合录用条件或存在严重违纪等过错行为的，用人单位可以解除劳动合同。如果解除不符合法律规定，劳动者可以请求继续履行劳动合同或要求用人单位支付违法解除劳动合同赔偿金②。

问答 256 企业辞退试用期员工一定要提前 3 天通知吗？

用人单位试用期辞退不符合录用条件的员工，没有提前 3 天通知的规定。

问答 257 试用期内辞退员工，关于赔偿，依据哪些条款处理？

用人单位依据《劳动合同法》第三十九条合法解除劳动合同的，无须支付任何补偿金、赔偿金；用人单位违法解除劳动合同，劳动者要求继续履行劳动合同的，用人单位应当继续履行；劳动者不要求继续履行劳动合同或者劳动合同已经不能继续履行的，用人单位应当支付赔偿金③。

问答 258 如果新录用的员工简历没问题，工作这几天也比较积极，但后来了解到他之前的工作在财务方面不太干净，有什么办法不继续聘用这个人吗？

用人单位辞退试用期劳动者应证明劳动者不符合录用条件或存在《劳动合同法》第三十九条规定的其他可以被解除劳动合同的情形。

---

① 《劳动合同法》第三十九条。
② 《劳动合同法》第四十八条。
③ 《劳动合同法》第四十八条。

问答 259 为什么试用期不胜任辞退还要给赔偿金呢?

试用期间以劳动者不符合录用条件为由合法解除劳动合同的,不用支付任何经济补偿或赔偿金;如果是因为劳动者不胜任工作而解除劳动合同,需要支付经济补偿和代通知金[①]。

问答 260 我司 1 月 3 日入职一位销售经理,一直无业绩,3 月以来称病在家,未交请假单,电话联络时他说心脏不好准备住院,老板想马上开掉他。4 月 2 日他试用期结束,入职时没有签绩效考核制度,接下来该如何做能够马上让他走人(无补偿)?

未交请假单应该要求其依据公司合法有效的请假制度进行补交,否则可以按公司合法有效的制度对劳动者按旷工处理。试用期可以以劳动者不符合录用条件解除劳动合同,但需要用人单位举证证明劳动者不符合录用条件[②]。

问答 261 试用一周后,公司提出解除劳动合同,直接交接就可以了吧?五险一金还没来得及缴纳,还用缴纳吗?

试用期内,劳动者被证明不符合录用条件的,用人单位可以解除劳动合同,无须支付经济补偿。劳动者入职 30 日内,用人单位应当依法缴纳社保[③]。如果入职不满 30 日即解除了劳动合同,未缴纳社保并不违法。

问答 262 试用期如请假超过 15 天,按自动离职处理;请假 15 天以内的,相应延长试用期,也可视具体情况酌情处理,这样规定合适吗?

劳动法中并没有劳动者自动离职的规定,劳动关系也不会自动解除。双方可以约定试用期内劳动者请假将相应顺延试用期限。

问答 263 员工试用期第二个月(试用期约定为 3 个月),公司以未达到试用期考核

---

① 《劳动合同法》第四十条。
② 《劳动合同法》第三十九条。
③ 《社会保险法》第五十八条。

标准解除合同，但未说明具体不符合哪条标准，员工申请了仲裁，员工胜诉的概率大吗？

　　劳动者能否打赢官司很大程度上取决于用人单位的解除行为是否操作得当、解除理由是否成立等多种因素。试用期以劳动者未达到试用期考核标准解除存在一定的风险，试用期以劳动者不符合录用条件为由解除劳动合同①更容易获得支持。

问答 264 三年期劳动合同，将试用期由 3 个月延长至 6 个月，在北京或深圳合法吗？

　　用人单位与劳动者只能约定一次试用期。多次约定试用期不符合劳动合同法的规定，将试用期由 3 个月延长至 6 个月属于多次约定。

问答 265 用人单位可以规定试用期请事假或病假属于不符合录用条件吗？

　　劳动者在试用期患病，单位应当按照医疗期的有关规定处理劳动关系，将患病约定为不符合录用条件，风险较大。单位规定试用期劳动者事假超过一定天数视为不符合录用条件，有可能获得支持。

---

① 《劳动合同法》第三十九条第一项。

第四章

劳动合同履行与变更问答

问答 266 A 公司的员工因业务关系转到 B 公司，需要走什么流程？需要在 A 公司办理离职，再到 B 公司办理入职吗？

存在两种模式，一种是与 A 公司结束权利义务关系，包括解除劳动合同，结清工资、未休年假、经济补偿等，然后劳动者重新与 B 公司建立劳动关系。实践中，一般采用另一种模式，即签订三方协议，B 公司承诺承继 A 公司劳动合同项下的权利义务，工龄连续计算，薪酬维持不变等。

问答 267 公司注册地有变动但还属于这个区，劳动合同需要和员工重新签吗？

不需要重新签订，如有必要，可以让劳动者签署工作地点变动确认书。

问答 268 我们公司被收购了，劳动关系要怎么处理呢？

用人单位发生合并或者分立等情况，原劳动合同继续有效，劳动合同由承继其权利和义务的用人单位继续履行[1]。

问答 269 我单位拟聘用一位还未与原单位解除劳动关系的人员，其本人有意愿开展工作，也会尽快拿到年终奖后办理离职并开具离职证明，但用人部门希望有一个既规避用工风险又不影响工作开展的方式。与候选人签订一份劳务合同是否有效，有更好的办法吗？

用人单位招用与其他用人单位尚未解除或者终止劳动合同的劳动者，给其他用人单位造成损失的，应当承担连带赔偿责任[2]。

---

[1]《劳动合同法》第三十四条。

[2]《劳动合同法》第九十一条。

问答 270 员工假期期满后公司短信发送返岗通知可否作为送达依据？是否有法律对此类电子送达证据作出规定？

可以作为证据使用，但是存在一定的风险；劳动者如果有证据能够证明手机号已停用或者存在其他无法接收短信情形的，该通知属于未送达。

问答 271 集团内成立一家新公司后，要将一部分人从原公司调到新公司，这些人的劳动合同如何签订？（注：他们与原公司签订了劳动合同）

可以与新公司重新签订劳动合同，当然也可以签订三方协议，约定各方的权利义务。

问答 272 劳动合同主体变更，部分 A 公司员工和部分 B 公司员工合并为 C 公司员工，合同重签，A、B 公司控股 C 公司，需要给员工补偿吗？

《最高人民法院关于审理劳动争议案件适用法律问题的解释（一）》第四十六条第一款规定："劳动者非因本人原因从原用人单位被安排到新用人单位工作，原用人单位未支付经济补偿，劳动者依据劳动合同法第三十八条规定与新用人单位解除劳动合同，或者新用人单位向劳动者提出解除、终止劳动合同，在计算支付经济补偿或赔偿金的工作年限时，劳动者请求把在原用人单位的工作年限合并计算为新用人单位工作年限的，人民法院应予支持。"因此，若用人单位给予补偿，则工龄重新计算，若不给予补偿，则累计计算。

问答 273 劳动合同起始日为 11 月 1 日，但因工作情况，公司要求劳动者从 11 月 10 日开始上班。劳动合同还需要更改起止日期吗？合同审批流程很复杂，是否可以在原合同起始日期上直接更改并签字盖章？

劳动合同的起止日期和劳动关系的起止日期可以不一致；如果非要更改，按你说的办法即可。

问答 274 员工入职时签的是服务员岗位，现在因业务需要将其调转到同一公司其他项目的服务员岗位，上班时间和薪资都不变的情况下，公司是否有权利调整？

要看劳动合同中如何约定，如果约定的是 A 项目的岗位，现调整到 B 项目，需双方协商一致，否则存在一定的法律风险[①]。如果没有约定具体的项目，只约定了岗位，不涉及劳动合同的其他内容变更，公司的行为不应被视为劳动合同的变更。

问答 275 公司改名了，但是改名后没有重签劳动合同，员工能提起仲裁要求二倍工资吗?

《劳动合同法》第三十三条规定，用人单位变更名称，不影响劳动合同的履行。

问答 276 有位员工之前被派往驻点，但是现在驻点撤销，需要他返回公司总部，该员工不愿意回公司，要求公司辞退他并向公司索要补偿费，应如何处理?

（注：签合同时约定工作地点为总部，五险一金也在总部地区缴纳）

通常情况下，该种情形既不属于客观情况发生重大变化，也不属于变更劳动合同，而是正常履行劳动合同，用人单位可以限期让其回总部报到，否则按照双方的约定或者合法有效的规章制度处理。

问答 277 公司有位员工因为房贷原因想开收入证明，他的月薪加年终奖总共算下来应该是 7 万元，但他想开 8 万元的证明。有什么风险吗?

用人单位应当如实为员工开具收入证明。如果用人单位开具虚假收入证明，一旦发生劳动争议，若用人单位不能举证证明劳动者收入情况，那么该证明很可能被法院作为认定劳动者收入情况的证据而被采信。

问答 278 公司有位员工，岗位是人事主管，现在公司想将该员工调岗为前厅兼人事主管，薪资不变，员工不同意，声称入职谈的岗位和劳动合同约定的就是人事主管，怎么办?

需要根据公司岗位说明书和劳动合同中关于工作内容的具体约定处理，如果当初的约定不包括前厅工作，用人单位调岗需双方协商一致[②]。

---

① 《劳动合同法》第三十五条。
② 《劳动合同法》第三十五条。

問答 279 | 部门主管在非工作期间被一名员工打了，因为员工是被该主管开除的，没有监控也没有目击证人，现在怎么办？

由于不是在工作时间亦非因履行工作职责受到伤害，被认定为工伤的可能性不大。建议用人单位积极配合公安部门追究相关行为人的法律责任。

問答 280 | 朋友是某公司的中层干部，由于身体原因，现在刚做完手术，处于家中休养状态，但是公司提出要给她调岗，据她所了解，调岗后的工作量会非常大，根本不适合她的身体调养，如果她不同意调岗或辞职的话能否得到相应的赔偿？

调岗分为法定调岗和约定调岗。法定调岗是指因劳动者患病或非因工负伤，在规定的医疗期满后不能从事原工作，用人单位可以另行安排工作；劳动者不胜任工作，用人单位也可以依法调岗。约定调岗需要双方协商一致。法定调岗，如果劳动者被调到工作量大于原岗位的新岗位的话，被认定违法的可能性大；如果是约定调岗，必须征得劳动者同意，劳动者不同意，用人单位单方调岗是违法的。

問答 281 | 我们有位员工失联了，家里人报警还未找到，如果这位员工一直不回来，劳动关系怎么处理？

用人单位可以依照合法有效的规章制度对员工进行处理，但要通过多种途径向劳动者送达相关文书。

問答 282 | 有一位员工因触犯刑法被批捕入狱，单位还差其两个月的工资没有支付。四年后，该人员刑满释放向单位索要工资，除支付原来的工资外，是否要给予其补偿？

劳动者被依法追究刑事责任的，用人单位可以解除劳动合同，但如果用人单位未向劳动者送达解除劳动合同的通知，劳动关系不会自动解除。如果劳动关系还没有解除，劳动者的诉求就不仅是那两个月工资的问题了，可能还会要求用人单位支付劳动关系存续期间的生活费、缴纳社保及公积金，当然，由于劳动关系处于中止状态，劳动者的诉求不一定会获得支持。

问答 283 | 单位办公地点变化，但是都在北京，员工不想干了，能得到赔偿吗？

要根据劳动合同对工作地点的约定、地点变动对劳动者造成的影响、用人单位是否提供其他便利条件（如班车）等进行综合判断，不能笼统地说单位一搬家，劳动者辞职就可以要求经济补偿，如从大兴搬到延庆和从信息路 20 号搬到信息路 21 号的法律后果肯定不一样。

问答 284 | 如劳动合同约定的工作地点为北京和深圳，公司注册地在深圳，之前履行合同均为北京，现公司要求将员工调回深圳是否属于劳动合同变更？

被认定为不属于劳动合同变更的可能性大，但在审理的过程中，法官还是会考察把劳动者调回深圳的原因、便利性以及合理性等因素。

问答 285 | 一位中层管理干部因身体原因不能再从事原岗位了，如何将他调整到一般岗位？

除不胜任工作和医疗期调岗[①]外，其他原因调岗需要双方协商一致，请注意这里的不胜任是指工作能力的不胜任，不包括身体原因导致的不胜任。

问答 286 | 和员工协商降薪，员工同意了，HR 出了一份劳动合同变更书，双方签字确认就可以了吧，还需要什么操作吗？

双方协商一致变更劳动合同的，签订劳动合同变更协议即可[②]。

问答 287 | 有一位员工，其岗位薪、绩效薪和当初合同上的标准不一样了，是否可以签份补充合同重新调整薪资标准和发放形式？

可以通过签订劳动合同变更协议[③]的方式确认实际的薪资标准。

---

① 《劳动合同法》第四十条。
② 《劳动合同法》第三十五条。
③ 《劳动合同法》第三十五条。

问答 288 第二次签订的劳动合同还没有到期，但是领导要求从 2016 年 8 月 1 日起全部重新签订一年期合同，员工都不愿意签，该怎么处理呢？

重新签订一年的合同属于变更劳动合同内容的范畴，应双方协商一致。

问答 289 对于法律中的"应当"这个字眼，似乎是偏向于建议性，而不是明确的要求，用人单位可以履行也可以不履行这些，是这样吗？

应当即必须。

问答 290 已和单位签订了劳动合同，2023 年到期，现在单位通知大家要竞聘上岗，合理吗？不参加这个竞聘依然按照劳动合同上班可以吗？

要求大家竞聘上岗没有什么不合理的，这属于用人单位的用工自主权。如果劳动合同中事先没有关于竞聘上岗的约定，不参加竞聘依然按照劳动合同上班当然可以。

问答 291 如果公司《员工手册》明确"违法违规行为"属于严重违纪，对于业绩不达标员工，是否可以说违反了《劳动法》第三条"劳动者应当完成劳动任务，提高职业技能，执行劳动安全卫生规程，遵守劳动纪律和职业道德"的规定，属于严重违纪，可以直接解除劳动合同？

劳动者业绩不达标，属于不能胜任工作的范畴，不属于违纪范畴。

问答 292 因公司业务调整，原先的业务没有了，员工不接受调岗，现在没有任何工作，但每天按点上班按点下班，这种情形怎么处理？

需要根据您公司的具体情况以及规章制度的规定，或与劳动者的约定作出判断；如果用人单位的调岗合理，没有降低薪酬待遇，调岗不具有侮辱性，调岗后的工作与原岗位具有相关性，劳动者应当服从；劳动者不服从的，如果业务没有了，则属于客观情况发生重大变化，用人单位可以依据《劳动合同法》第四十条的规定与劳动者解除劳动合同。

问答 293 对兼职人员可以要求坐班吗？可以让其自己缴纳个税吗？

兼职人员是否需要坐班，应根据双方约定执行；用人单位是个人所得税的代扣代缴义务人，应当依法代扣代缴①。

问答 294 公司想新设另外一家公司，但不属于公司分立的情况，劳动关系转迁过程中，有部分员工不愿意转，这种情况怎样处理比较合适呢？

劳动者不同意，应按照原劳动合同履行②。

问答 295 公司工作场所跨市搬迁，但仍在合同约定地区之内，部分员工不愿随同去新地点，怎么办？

如果约定合法有效，在约定范围内变更，劳动者应当依约执行③。

问答 296 设计师的岗位收入有基本工资、绩效奖金，如果将其岗位调成档案管理员，基本工资不变但没有绩效奖金，如果他申请仲裁，要求解除合同，索要经济补偿，能得到支持吗？

一般情况下，薪酬的变化应当和劳动者协商一致。裁审结果能否支持劳动者的请求，由很多因素决定，无法笼统作出判断。

问答 297 签过劳动合同且过了试用期，发现员工学历或者其他录用条件如工作履历造假，公司要解除劳动合同，需要支付经济补偿吗？

录用条件在试用期有效，过了试用期，不能再以试用期内劳动者不符合录用条件为由解除劳动合同。劳动者学历或者工作经历造假是否构成劳动法意义上的欺诈，要看具体情形而定，不能一概而论。

问答 298 公司想解聘某位长期合同员工，员工不同意，补偿金沟通不能达成一致。下一步想通过降职降薪来进行处理，这样做可以吗？

不可以。用人单位调岗降薪需要依据合法有效的约定或符合法定情形④。

---

① 《中华人民共和国个人所得税法》第九条。
② 《劳动合同法》第三十五条。
③ 《劳动合同法》第三条。
④ 《劳动合同法》第四十条。

问答 299 公司与几位长期合同员工协商解聘一直谈不好。下一步公司想安排员工回家待岗并只发待岗工资。请问待岗有时间限制吗？待岗结束后如果员工继续和公司协商解聘，补偿金是否能按照待岗期间工资一起计算？员工提出补偿金只能按照待岗前的正式工资计算，法律上是这样规定的吗？

协商解除劳动合同无法达成一致的，应当按照劳动合同履行各自的义务。除法定情形外，待岗也需要协商一致。

问答 300 现在还有停薪留职吗？

实施《劳动合同法》以来，未见过停薪留职的有关规定；停薪留职应该是 20 世纪末为解决国企职工下岗再就业而采取的一种分流方式。

问答 301 在医美公司做了双眼皮，自己未出费用，现在想离职，公司要求我支付手术费（做手术之前签订了员工协议书，无论是离职还是被解雇都要出手术费用），请问现在怎么办？

如果双方签订的协议合法有效，按照协议约定执行。

问答 302 公司进行集团化，名称变更，是否需要和员工重新签订劳动合同？

公司名称的变化、股东的变化不影响劳动合同的履行[1]。

问答 303 如果销售人员完不成业绩，是先培训还是先转岗，怎么操作可以规避劳动风险？

劳动者不能胜任工作的，对于用人单位是培训还是转岗没有统一的标准，取决于用人单位如何选择，培训或是调岗是二选一的关系，在时间上没有先后之分。

问答 304 单位想给一位部门经理降职，HR 该从哪几个方面入手谈判？

HR 应该从降职原因、劳动者的性格偏好、用人单位证据掌握程度、领导意图等方

---

[1] 《劳动合同法》第三十三条。

面综合考虑。

问答 305 职工入职时签订合同的岗位是人事专员，现在公司要定岗定编，认为人事专员这个岗位称呼不妥，想将岗位名称改为人事文员，但工作内容基本是一样的，想问一下，这里有什么注意点，需要签署什么文件吗？如果拿人事文员的岗位职责让这位人事专员职工签字有什么问题或注意事项吗？

如果只是涉及名称的变化，无须做任何变更。

问答 306 公司拟把行政专员调到前台办公，但不变更她的工作内容，该员工不同意，要求公司给予赔偿，公司不想赔偿，请问员工的诉求合法吗？公司应该怎么样操作更好？

劳动关系双方应当按照劳动合同的约定，全面履行各自的义务[①]；变更劳动合同内容的，双方应当协商一致；如果仅仅涉及工位的变化（该变化具有合理性且不具有侮辱性），工作内容没有变化的，不视为变更劳动合同，劳动者应当服从。

问答 307 岗位被取消算客观情况发生变化吗？

劳动合同订立时所依据的客观情况发生重大变化一般是指：（1）地震、火灾、水灾等自然灾害形成的不可抗力；（2）受法律、法规、政策变化导致用人单位迁移、资产转移或者停产、转产、转（改）制等重大变化的；（3）特许经营性质的用人单位经营范围等发生变化的[②]。岗位被取消是否属于客观情况发生重大变化需要根据岗位被取消的原因判断。

问答 308 公司经营遇到"瓶颈"，此期间可以给员工发停薪留职通知吗？

不可以。公司经营遇到"瓶颈"属于经营风险，不能让劳动者停薪留职来转嫁经营风险；非因劳动者本人原因造成用人单位停工、停业的，在一个工资支付周期内，用人

---

① 《劳动合同法》第二十九条。
② 《北京市高级人民法院、北京市劳动人事争议仲裁委员会关于审理劳动争议案件法律适用问题的解答》第十二条。

单位应当按照提供正常劳动支付劳动者工资；超过一个工资支付周期的，可以根据劳动者提供的劳动，按照双方新约定的标准支付工资，但不得低于本市最低工资标准；用人单位没有安排劳动者工作的，应当按照不低于本市最低工资标准的 70% 支付劳动者基本生活费[①]。

问答 309 公司对没有完成业绩指标的员工可以进行降薪处理吗？员工有权不同意吗？

如果用人单位可以证明劳动者未完成业绩属于不胜任工作，那么用人单位有权按照双方的约定或者用人单位合法有效的规定进行调岗降薪，此系用人单位的法定调岗权利，劳动者需要服从[②]；如果业绩指标没有和不胜任工作挂钩，用人单位可以依据合法有效的约定调整劳动者的薪酬待遇。

问答 310 员工不胜任工作，公司对他进行调岗，需要双方协商一致吗？若不需要协商，那么怎样调岗才算合法呢？

劳动者不胜任工作的，用人单位有权调岗，无须与劳动者协商一致[③]。调岗合法的条件是：首先，要有劳动者胜任工作的标准；其次，用人单位有证据证明劳动者无法胜任工作。在满足这两个条件的情况下，用人单位有权利以劳动者不胜任工作为由进行调岗，而不需要征得劳动者的同意，当然，此时的调岗应当具有合理性且调岗通知应当送达劳动者。

问答 311 因公司经营困难，领导要把行政助理这个岗位撤掉，把这个岗位的员工转岗到另一家公司做电商客服，但该员工不同意转岗，公司仍然决定将该员工转岗做电商客服，这样做合法吗？

除法定或者约定情形外，变更劳动合同约定的工作内容需要与劳动者协商一致方可进行[④]，否则可能涉嫌违法。

---

① 《北京市工资支付规定》第二十七条。
② 《劳动合同法》第四十条。
③ 《劳动合同法》第四十条。
④ 《劳动合同法》第三十五条。

问答 312　劳动合同到期之后单位没有再续签，但是员工实际还在工作中，是否可以主张二倍工资？另外，单位还有拖欠工资以及加班费的情形，这种情况是等着单位辞退好，还是主动提出离职好？

　　劳动合同到期未续签，劳动者继续在用人单位工作的，劳动者可以主张未续签劳动合同的二倍工资差额；用人单位拖欠工资的，劳动者可以解除劳动合同并要求用人单位支付经济补偿；用人单位单方解除劳动合同需要符合法律规定，如果解除违法，劳动者可以要求用人单位继续履行劳动合同或者支付违法解除劳动合同赔偿金[①]。

问答 313　用人单位与一位残疾人签订劳动合同，并为其缴纳社会保险，实际此人并不在公司出勤，除为其缴纳社保外不发放工资，此员工现已离职，在申请低保的时候需要公司出具前十二个月无收入的证明，请问对公司有何风险？

　　用人单位出具相关证明应当根据实际情况据实出具。

问答 314　被证明不胜任工作解除劳动合同，两次不胜任的时间长度有要求吗？比如，是两个月两次不胜任还是两个季度两次不胜任，或是最短两年两次不胜任呢？

　　劳动者在被证明不胜任工作后，用人单位依法调整劳动者的工作岗位，在新岗位的第一个考核周期内仍然不胜任的，用人单位可以依据《劳动合同法》第四十条第二项解除劳动合同。在新岗位的第一个考核周期内如果胜任工作的，该次不胜任解除的条件即告结束。劳动者在之后的考核周期内，再次出现不胜任工作情形的，应当重新开始一个新的不胜任解除流程。

问答 315　对员工进行降职降薪处理，下降标准是否有规定（主要考虑是否存在处罚过重的问题）？如对员工降职处理时，比其低的管理职务均无空缺，可否直接降为无管理权限的员工？

---

　　① 《劳动合同法》第四十八条。

除法律另有规定外，用人单位降低劳动者工资需要与劳动者协商一致[1]；劳动者符合不胜任工作情形的，用人单位有权对劳动者调岗，一般情况下，下调一个职级比较合理；如果双方对调岗降薪有约定的，约定条件成就时，用人单位可以依约调岗降薪。

问答 316　公司可以以降职降薪的方式逼员工主动离职吗？违法吗？

违法。用人单位降职降薪应有事实依据和法律依据[2]。

问答 317　分公司经理因不胜任岗位被降职降薪，只在公司内部发了通知，没有走调岗审批流程让员工签字，请问这样合法吗？

劳动者不胜任工作的，用人单位有权对其调岗，无须员工同意[3]，但应当将调岗通知送达该员工。

问答 318　对员工降职降薪，员工不同意，公司还能执行吗？

用人单位降职降薪应有事实依据和法律依据，如果用人单位单方对劳动者降职降薪，又没有合法理由的话，涉嫌违法[4]；合法理由包括法定降职降薪和约定降职降薪。

问答 319　公司有权利保存员工体检报告吗？

用人单位应当为劳动者建立职业健康监护档案，并按照规定的期限妥善保存。职业健康监护档案应当包括劳动者的职业史、职业病危害接触史、职业健康检查结果和职业病诊疗等有关个人健康资料。劳动者离开用人单位时，有权索取本人职业健康监护档案复印件，用人单位应当如实、无偿提供，并在所提供的复印件上签章[5]。

问答 320　我的出差费用至今已有一年多没有报销，可否解除劳动关系？

差旅费不属于劳动报酬，差旅费报销问题，属于企业内部财务管理制度问题，以差

---

[1] 《劳动合同法》第三十五条。
[2] 《劳动合同法》第三十五条、第四十条。
[3] 《劳动合同法》第四十条。
[4] 《劳动合同法》第三十五条。
[5] 《中华人民共和国职业病防治法》第三十六条。

旅费没有报销为由解除劳动合同并要求支付经济补偿没有法律依据。

问答 321　公司随意调岗降薪，员工不同意，如何处理？

用人单位对劳动者调岗降薪应符合《劳动合同法》第四十条的规定或者和劳动者协商一致，随意调岗降薪不符合法律规定。

问答 322　公司目前把市区的办公室撤了，新工作地点在县里，距离市区 50 多公里，劳动合同上只注明 ×× 市，公司说县里也在劳动合同约定的工作地点范围内，请问这种做法合法吗？

在北京，工作地点仅约定全国、北京的，如果不说明岗位性质或者企业的行业特性的，属于约定不明确，劳动者实际提供劳动的地点即为工作地点，所以仅约定 ×× 市属于工作地点约定不明，以劳动者提供劳动的地点为劳动合同的履行地点，用人单位撤掉市区的办公室属用人单位自主经营权的范围，但是认定 50 公里之外的新的工作地点也在劳动合同约定的工作地点范围内缺乏合理性，一般不会获得裁审机关的认可。

问答 323　降职和调岗的具体区别是什么？员工从部门总经理降为副总经理或者普通员工属于降职吗？从生产岗调到质检岗属于调岗吗？

职务是劳动者头衔，与劳动者的行政级别相关；岗位表示工作职责，即劳动者的具体工作任务，与工作内容相关。

问答 324　8 月底公司发文对员工降职，员工也未以书面或邮件形式提出异议，只是口头表示不同意，会有什么风险吗？有没有规定职位调整后多长时间之内未提出异议表示默认？

用人单位对劳动者职务的安排，属于企业内部管理事务，无须劳动者同意。但需要提醒的是，调岗降薪完全不同，除法定情形外 [1]，应当与劳动者协商一致 [2]。

---

[1] 《劳动合同法》第四十条。
[2] 《劳动合同法》第三十五条。

问答 325 公司原本有采购部和客服部，现在领导要求全部划归客服主管管理，原采购主管调岗为客服人员。调岗过程有两次领导谈话，没有任何记录，员工本人也不接受调岗。但是领导要求直接发组织公告。这样操作有什么风险？

非因法定事由或合同约定调整劳动者岗位的，需要与劳动者协商一致，否则构成违法调岗，劳动者有权拒绝，在此情况下，用人单位如果以劳动者不服从调岗为由解除劳动合同可能构成违法解除。

问答 326 公司出钱让员工体检，公司有权知道每个员工的体检结果吗？有法律风险吗？

用人单位为劳动者出资进行体检一般属于用人单位给予劳动者的一种福利待遇，用人单位并不当然有权知悉劳动者的体检状况（职业病体检除外），但特殊岗位有特别规定的除外，如餐饮服务人员的体检结果就应当告知用人单位。

问答 327 如果在劳动合同或公司制度中约定执行业务提成工资的岗位，其提成工资中已包含加班工资，公司不再另行支付，是否合理？另外，员工病、事假扣款基数包含提成工资是否合理？

提成工资和加班工资是性质不同的工资，计算方法和计算基数均不相同，它们之间并不存在包含与被包含的关系。提成工资与绩效有关，加班工资与工时制度、加班时长等有关；病假工资按照双方的约定或者单位的规定发放，不低于法定最低标准即可；事假期间可以不发工资。

问答 328 公司说不同意调岗就办理离职，后公司发现员工有提起仲裁意向的时候，又同意员工在原岗位继续工作，员工不愿意再谈，是否可以申请仲裁？

劳动者申请仲裁需要有明确的请求，如要求用人单位支付拖欠的工资或要求撤销违法解除劳动合同的通知等。既然用人单位已经同意员工继续在原岗位工作，实际也并未解除劳动合同，劳动者应当继续在原岗位工作。如果劳动者已经办理了离职，视为用人单位提出，双方协商一致解除。

问答 329 员工合同到期了，培训协议未到期，公司不想续签劳动合同，如何处理？

劳动者合同到期，培训协议未到期，用人单位不想续签劳动合同的，可以终止劳动合同；相反，劳动者以劳动合同到期为由终止劳动合同的，因培训协议未到期，劳动合同应当续延至培训协议约定的服务期满方能终止。

问答 330 公司以组织架构调整为由，将员工的职位由主管调整为职员（工资暂时没变动），请问这种调整是否合法？如果员工不同意是否可以要求解除劳动合同并由公司支付经济补偿？

如果用人单位组织框架调整属于客观情况发生重大变化致使劳动合同无法继续履行的情形，经与劳动者协商变更劳动合同内容未能达成一致的，用人单位可以解除劳动合同，并支付经济补偿[①]；如果用人单位组织框架调整不属于客观情况发生重大变化致使劳动合同无法继续履行的，应依据双方的约定对劳动者岗位进行调整。如果双方无约定或用人单位无法定理由，强行单方调岗，一般不会获得裁审机关的认可。

问答 331 公司的一位品质专员能力不行，想给他调岗，但是薪资不变，这样是否也需要员工同意？公司可以单方面调整吗？

用人单位单方调整劳动者岗位须有法定事由或依据双方约定，您所述的情况如果属于不胜任工作，可以进行单方调岗[②]。

问答 332 公司给员工调岗，员工不同意的情况下可以强制调岗吗？

需要看调岗的原因。用人单位依据《劳动合同法》第四十条，以劳动者不胜任工作为由调岗，调岗具有合理性的，劳动者应当服从。

问答 333 公司在同一城市搬迁 10 公里，需要支付赔偿金吗？

不一定。如果搬迁没有给劳动者的生活造成实质性影响，劳动者应当容忍和服从；

---

① 《劳动合同法》第四十条。
② 《劳动合同法》第四十条。

如果搬迁给劳动者的生活造成了实质性影响，劳动者不同意到新的工作地点工作，用人单位依据《劳动合同法》第四十条解除劳动合同的，应当支付经济补偿。

问答 334 员工被公司的猫咪抓伤，猫咪是流浪猫，员工出现抗生素过敏反应连续发烧。猫咪是员工带到公司的，后由公司照顾抚养，请问如何赔偿，或者是否该赔偿？

如果用人单位是抚养猫的主体，用人单位应承担侵权责任，并赔偿劳动者的损失，包括医疗费、误工费、护理费等[①]。

问答 335 公司在未与员工协商一致的情况下，直接进行降级调岗。目前员工已在新岗位任职三个月，能否理解为"协商一致"？会有违法风险吗？

变更劳动合同虽未采用书面形式，但已经实际履行了口头变更的劳动合同超过一个月，变更后的劳动合同内容不违反法律、行政法规且不违背公序良俗，当事人以未采用书面形式为由主张劳动合同变更无效的，人民法院不予支持[②]。是否存在风险关键在于劳动者是否提出过异议。如果劳动者持续提出异议，不管经过多长时间都不会被认定为"协商一致"。

问答 336 公司变更了名称，原来合同是无固定期限的，如果重签，也可以签无固定期限合同吗？

用人单位变更名称、法定代表人、主要负责人或者投资人等事项，不影响劳动合同的履行[③]。公司变更名称，不需要对原劳动合同进行名称变更。

问答 337 员工不配合公司安排的工作，且工作态度不端正，有什么方式可以优化吗？

用人单位安排劳动者工作具有合理性，劳动者拒绝服从的，用人单位应当按照合法有效的规章制度或者和劳动者的约定对劳动者实施劳动用工管理，但不要对劳动者的行

---

① 《民法典》第一千二百四十五条。
② 《最高人民法院关于审理劳动争议案件适用法律问题的解释（一）》第四十三条。
③ 《劳动合同法》第三十三条。

为进行主观定性判断，如工作态度不端正、没有团队精神等，这种判断主观因素太强，一般很难获得裁审机关的认可。

问答 338 由于员工在工作中出现失误给公司带来损失并造成潜在风险，公司发布惩罚决定对员工工资降级，公司内部有规章制度支持，还需要再跟员工签订劳动合同变更书吗？如果惩罚决定里的内容经得起推敲，是不是在执行流程中不签劳动合同变更书也没什么风险？

　　劳动者给用人单位造成损失，用人单位可以依约定或者规定要求劳动者赔偿；劳动者违反公司合法有效的规章规定的，用人单位可以依据规定给予劳动者相应的惩处，但据此降低劳动者工资的标准极高，需谨慎操作。

问答 339 对劳动合同制员工办理停薪留职是否存在用工风险？社保和公积金是否需要正常缴纳？

　　停薪留职系计划经济时期为了解决国有企业职工下岗再就业而实行的临时性、阶段性政策，现在鲜有用人单位采用这种办法。停薪留职期间的权利义务通过停薪留职协议协商确定。

问答 340 员工拒绝签收劳动合同通知书，邮局退回，单据上写着"本人要求退"，是不是可以证明送达成功了呢？

　　退回一般意味着劳动者没有收到，恰恰能证明通知没有送达，除非用人单位和劳动者对于送达有明确约定。

问答 341 我在证券公司工作，去年公司被收购，把我的工资从 2.5 万元调到了5000 元，岗位也进行了调整，现在合同到期，公司不想续约了。我想问像这种调岗调薪是合法的吗？

　　用人单位对劳动者作出岗位调整，需有法定事由或经劳动者同意；但您在调岗后未提出异议视为同意调岗调薪。

问答 342 公司和售后安装员工协商将工作时间由原来的 8 小时变成在家坐班，客户现场有问题他就去处理，请问劳动合同是重新签订还是做变更？

双方就劳动合同内容变更达成一致的，应签订劳动合同变更协议[①]，明确双方的权利义务。

问答 343 公司属于制造行业，为了避免裁员而支付赔偿金，在岗位人数上作了调整，原来是两个人的工作，现在只有一个人在做，是不是员工自己承受不住工作强度提出离职就没有什么法律风险了呢？

该种情形有可能涉及变更劳动合同内容，存在一定用工风险。

问答 344 不符合录用条件和不胜任工作有何区别？补偿金一样吗？

录用条件是用人单位考察试用期员工是否符合用人单位要求的条件，分为三部分内容：资质条件、能力条件和职业道德条件。不符合录用条件必定发生在试用期内，用人单位据此合法解除劳动合同无须支付经济补偿；不胜任工作是指在劳动合同履行过程中，劳动者不符合岗位要求，不能完成劳动合同约定的工作任务或者同类岗位的平均工作量。不胜任工作解除劳动合同发生在劳动合同履行的过程中，用人单位以不胜任工作为由解除劳动合同，需支付经济补偿[②]。

问答 345 单位在部门解散的情况下有权强行让员工待岗吗？如果员工同意待岗，那么补偿金计算时要把待岗期间工资作为基数吗？

用人单位部门解散需要判断是否构成客观情况发生重大变化，若构成，可以与劳动者协商变更劳动合同内容，协商无法达成一致的，用人单位可以解除劳动合同[③]，经济补偿按照劳动合同解除前十二个月的平均工资支付[④]。非正常工作情况下劳动者的工资是否计入经济补偿的平均基数，在实践中存在不同观点。用人单位的某个部门解散不是

① 《劳动合同法》第三十五条。
② 《劳动合同法》第四十六条。
③ 《劳动合同法》第四十条。
④ 《劳动合同法》第四十七条。

安排劳动者待岗的法定事由，非因劳动者原因停工停产才是①。

问答346 公司从北五环外迁到南五环外，员工因此提出离职要求补偿，能获得支持吗？

公司工作地点从北五环外迁到南五环外显然已经对劳动者的生活造成实质性影响，如果用人单位无法采取措施消除影响，应当与劳动者协商变更劳动合同，协商不成，用人单位可以解除劳动合同，但需要支付经济补偿②。

问答347 员工没有完成业绩指标该如何解除劳动合同呢？

员工没有完成业绩指标不宜直接解除劳动合同，可以依据劳动者不胜任工作的相关规定处理③。

问答348 员工没有过错但对法律条款不熟悉，在公司未做任何补偿的情况下在劳动合同解除协议上签字了，还可以提起劳动仲裁争取自己的权益吗？

除非劳动者能够证明在签署协议时用人单位存在欺诈、胁迫等行为，否则一般会认定协议有效④。

问答349 企业要降薪，需要到当地劳动部门备案吗？个别员工不接受降薪的话，员工是否可以主张解除劳动合同并要求支付经济补偿？

企业降薪属于变更劳动合同内容，需要与劳动者协商一致，否则劳动者以单位未足额支付劳动报酬提出解除劳动合同可以获得经济补偿⑤。协商变更劳动合同无须备案，除非特殊地方或特殊行业有特别规定。

问答350 员工未经部门批准没来上班，已经几天了，找不到人，电话也打不通，公司应该怎样做才好？

---

① 《工资支付暂行规定》第十二条。
② 《劳动合同法》第四十条、第四十六条。
③ 《劳动合同法》第四十条。
④ 《最高人民法院关于审理劳动争议案件适用法律问题的解释（一）》第三十五条。
⑤ 《劳动合同法》第三十八条。

用人单位应当依据合法有效的规章制度对劳动者实施劳动用工管理。

问答 351 | 调岗能调薪吗？要做什么准备？

调岗当然可以调薪，如劳动者升职给劳动者涨薪，但调岗降薪需要和劳动者协商一致，除非劳动者不胜任工作。调岗如果涉及降薪，应当符合制度依据或者合同约定。

问答 352 | 如果员工的劳动合同到期，自愿不续签劳动合同，但仍愿意在公司上班，这种情况下公司该如何处理和避免风险？如果让员工手写自愿不续签劳动合同说明，有用吗？

公司应当及时要求员工续签书面劳动合同，否则有被主张二倍工资的法律风险[①]。与其让员工手写自愿不续签劳动合同说明，不如让员工续签劳动合同。

---

① 《劳动合同法》第八十二条。

第五章

劳动报酬管理问答

问答 353 我们公司在贵阳有家分公司，贵阳分公司的总经理咨询了贵阳当地的一些

公司，发现许多公司都有试岗期，所以要求在试用期之前增加 7 天试岗期，

且试岗期内如自动离职或考核不合格者，将不计薪资，这种做法是否合法

合理？

试岗期不是一个法律概念，在试用期前增加 7 天试岗期无法律依据，劳动者提供一

天劳动，用人单位就要支付一天工资，所谓的试岗期不计薪资属违法。

问答 354 学徒工工资怎么结算，是否要签合同？

用人单位和劳动者自建立劳动关系之日起三十日内应当订立书面劳动合同①；用人

单位可以和劳动者约定工资结算的方式，按月、周、日、小时均可②，但非全日制用工

劳动报酬结算周期最长不得超过 15 日③。

问答 355 公司有权利拖欠离职员工工资等到发放日一起发吗？

劳动关系双方依法解除或终止劳动合同时，用人单位应在解除或终止劳动合同时一

次付清劳动者工资④。

问答 356 加班工资有诉讼时效吗？

根据《劳动争议调解仲裁法》第二十七条第四款规定，劳动报酬争议适用特殊

---

① 《劳动合同法》第十条。

② 《工资支付暂行规定》第七条。

③ 《劳动合同法》第七十二条。

④ 《工资支付暂行规定》第九条。

时效制度，即因拖欠劳动报酬发生争议的，应当在劳动关系终止之日起一年内提出。

问答 357 《劳动法》第四十六条规定，工资分配应当遵循按劳分配原则，实行同工同酬。那么，在公司工作了三四年的老员工，工资比新入职的员工工资还要低，这种情况，除会导致老员工离职外，是否也违反了《劳动法》？

毕竟劳动者之间存在很大的个体差异，劳动者的薪酬水平与司龄关系不是很大，一般情况下不违反约定即合法。

问答 358 实行不定时工作制，为什么周六上班还要给加班费，不是每周至少休息一天就可以了吗？

不定时工作制无须计发加班费[1]。

问答 359 公司一直拖欠工资，会有什么风险？

如果用人单位未按时足额支付劳动报酬，劳动者被迫解除劳动合同，用人单位需支付经济补偿[2]。

问答 360 公司规定入职前七天发现不适合，不论是公司辞退还是员工自己离职均不给薪资。我会在面试时和面试人员确定他能否接受这一规定，能接受的话才会通过面试。此外，还有一个协议是关于这个的，会让员工签字，这个协议有法律效力吗？

《劳动合同法》第三十条规定，用人单位应当及时足额支付劳动报酬。上述做法显然是违法的，劳动者与用人单位签订的协议也会因为违反法律的强制性规定而无效。

问答 361 法定节假日安排员工值夜班，应该如何计算加班工资？

法定节假日值夜班，给的不是加班工资而是值班补贴（津贴）。值班与加班的区别在于劳动者能否休息、是否从事本职工作以及工作强度是否与平时相同。如果是加班，

---

① 《工资支付暂行规定》第十三条。
② 《劳动合同法》第三十八条、第四十六条。

应当按照法定节假日加班天数乘以劳动者日工资乘以百分之三百计算加班费；如果是值班，用人单位应当依据制度规定给予值班劳动者一定数额的值班补贴（津贴）。

问答 362 员工请事假超过 2 个月，按照公司制度，员工当月工资为 0 元，但这种情况不符合最低工资标准，是否需要按最低工资标准发呢？在上述情况下，公司依然为该员工支付社保费用，社保费用中的员工个人部分，最合适的方法是当员工返回单位后自己支付现金或打款至财务，如果员工请假后直接离职，不支付社保个人部分，公司能否起诉追回呢？

员工请事假即未提供劳动，不劳动无报酬，不涉及最低工资的问题，用人单位无须按照最低工资支付工资。劳动者请事假期间，用人单位垫付的社保费用中的个人部分能否要求员工退回，法律尚无明文规定，但是用人单位要求个人负担其个人部分社保具有合理性。

问答 363 我有一位朋友，他离职时没有提前 30 天提交书面离职报告，但是他确实家里有事儿，所以就走了。公司扣发了一个月的工资，是不是工资就要不回来了呢？

劳动者违法解除劳动合同给单位造成损失的，应当赔偿，但是不能直接扣发工资；如果扣发工资，劳动者可以提出仲裁申请，要求用人单位支付工资。

问答 364 我们公司是年薪制，年薪中 50% 按月发放，50% 在年终发放；劳动合同中只约定月薪；员工的奖金因为跟回款挂钩，有可能要 2—3 年才能付清。这种方式有什么法律风险吗？

这个还要看年薪制的具体规定，一般情况下，按照劳动合同约定和用人单位合法有效的制度规定及时足额发放就不会有风险。

问答 365 对于公司不签合同和不交社保这块可以要求赔偿和补缴，但是被扣走的薪资可以要求按约定支付吗？

用人单位应当与劳动者签订书面劳动合同，并为劳动者缴纳社保。对于不签劳动合同的，劳动者可以要求用人单位支付二倍工资[①]；对于未依法缴纳社保的，劳动者可以向劳动行政部门举报。用人单位应当依照合同约定或绩效制度规定发放工资，无故扣发工资的，劳动者可以要求用人单位补足差额。

| 问答 366 | 在北京面试时谈的月薪为 12000 元且试用期工资按正式工资发放，后总部人事总监写了个意见说月薪为 10000 元且试用期工资按正式工资 80% 发放，入职后未与员工协商就按 8000 元发放工资了，请问员工能申请仲裁吗？

用人单位应当按照劳动合同约定发放工资，变更工资数额需经双方协商一致。关于工资标准，一般情况下是谁主张谁举证，都无法举证的，一般在劳动者的主张基础上由法官酌情（同工同酬）认定。

| 问答 367 | 工资折算是除以 23 还是 21.75？

劳动者的月计薪天数是 21.75 天，月工作日为 20.83 天[②]。

| 问答 368 | 因甲方生产工作任务不足，使乙方待工的，甲方按什么标准支付乙方工资？

非因劳动者本人原因造成用人单位停工、停业的，在一个工资支付周期内，用人单位应当按照提供正常劳动支付劳动者工资；超过一个工资支付周期的，可以根据劳动者提供的劳动，按照双方新约定的标准支付工资，但不得低于本市最低工资标准；用人单位没有安排劳动者工作的，应当按照不低于本市最低工资标准的 70% 支付劳动者基本生活费[③]。

| 问答 369 | 如果用人单位要调整员工的薪资结构，需要发布新的薪资制度并由员工签字确认，才能对员工的薪资结构做变更，对吗？

---

① 《劳动合同法》第八十二条。
② 《劳动和社会保障部关于职工全年月平均工作时间和工资折算问题的通知》。
③ 《北京市工资支付规定》第二十七条。

那倒不一定，用人单位可以随意调高劳动者的薪资，这个就不需要劳动者签字确认。

问答 370 员工辞职后，还可以追讨辞职之前的加班工资吗？

劳动者辞职后，如果没有就加班工资进行过结算，用人单位确实存在拖欠加班工资情形的，劳动者可以在仲裁时效内（辞职后一年内[①]）追讨加班工资。

问答 371 入职时曾口头承诺年底双薪，但中间换了总经理，年底双薪没了，现在到年底了，该如何对员工说才好？

没有约定或者规定的奖金是否发放，一般情况下取决于用人单位。

问答 372 劳动者先后跟两家关联企业签订劳动合同，可以向当前在职的 A 公司追讨之前 B 公司拖欠、克扣的劳动报酬吗？

如果有三方约定当然可以；如果没有约定，要求 A 公司支付 B 公司的工资没有法律依据。

问答 373 合同只写了试用期工资，没有填写转正后的工资（只是口头约定了一个工资区间），这样会有哪些风险？

没有填写转正工资，一旦用人单位与劳动者发生劳动争议，需承担转正工资标准的举证责任，否则裁审机关有可能采信劳动者关于转正后工资标准的主张。

问答 374 劳动者要举证证明加班的事实，法律规定，用人单位需要提供两年以上的工资支付表和考勤，但用人单位拒不提供考勤，而劳动者称自己每天工作 11 小时，上一天休一天，每周工作三天到四天，要求支付每日延时加班费，这个怎么认定？

《北京市工资支付规定》第十三条规定，用人单位应当按照工资支付周期编制工资

---

① 《劳动争议调解仲裁法》第二十七条。

支付记录表，并至少保存二年备查。工资支付记录表应当主要包括用人单位名称、劳动者姓名、支付时间以及支付项目和金额、加班工资金额、应发金额、扣除项目和金额、实发金额等事项。请注意，这里并不包含考勤，如果劳动者不能提供存在加班事实的证据，应当承担举证不能的法律后果。

问答 375 | 不定时工作制有加班工资吗？

实行不定时工作制的员工，不计算加班工资[①]。

问答 376 | 员工旷工离职，未办理离职手续，离职当月的工资该如何处理？

劳动者旷工的，用人单位可以扣发旷工天数的工资，多扣工资没有法律依据。

问答 377 | 如果公司要求员工每周都上六天班但每周六会发放加班工资，这样会不会有风险呢？

用人单位安排劳动者周末加班应安排调休，无法调休的支付加班工资[②]。

问答 378 | 公司有一位员工，工作效率低且工作态度不好，想将其上班天数调整为5天，以减少其每月工资收入（我司上班时间为6天制，周六算加班工资），促使其主动离职。此方法是否可行？

每周工作5天，每天工作8小时，符合法律规定，但员工因用人单位的合法行为而离职的可能性非常小。

问答 379 | 公司规定，试岗期为3天，3天内双方觉得不合适就可以解除劳动关系，不算工资，如果觉得合适入岗了，这3天就算工资，这是否合法？

劳动法无试岗期的规定，仅有针对试用期的规定；劳动者提供劳动，用人单位就应当支付劳动报酬[③]。

---

① 《工资支付暂行规定》第十三条。
② 《劳动法》第四十四条。
③ 《劳动法》第三条。

问答 380 因公司经营不善对部分员工降薪，打官司是不是一定会输呢？

变更劳动合同的内容应该协商一致，劳动报酬属于劳动合同的内容，所以降薪应当征得劳动者的同意；官司的输赢取决于多种因素，不能一概而论。

问答 381 是按照应发工资缴纳个税，还是按照银行卡实际收入缴税？

按应发工资计算个人所得税。

问答 382 最低工资标准包含绩效工资吗？最低工资是指应发还是实发？

最低工资是保障劳动者基本生活的最低收入保障，是指每月实发到手的工资不能低于最低工资标准（不含加班费）[①]。

问答 383 员工执行不定时工作制，公司对其考勤并结算加班费，算违规吗？

执行不定时工作制不计算工作时间、无须支付加班费[②]。

问答 384 劳动合同中约定，对完成全年任务的员工发放年终奖金，就必须每年发奖金吗？

劳动者请求支付奖金的，应当提供相关依据。如果双方在劳动合同中对奖金发放进行了约定，用人单位应当按照约定支付奖金[③]。

问答 385 旷工一天只能扣一天的工资吧？扣两天工资是不是违法？

劳动者因旷工而未提供劳动的，用人单位可以不支付旷工当日工资；用人单位对劳动者进行罚款没有法律依据。

问答 386 员工家里发生水灾，他回家救灾，是否可以扣除其当天工资？是否有法条对此作出规定？

劳动者因个人原因无法到岗的，应当按照用人单位的规定履行请假手续；劳动者请

---

① 《最低工资规定》第三条。

② 《劳动部关于贯彻执行〈中华人民共和国劳动法〉若干问题的意见》第六十七条。

③ 《劳动合同法》第二十九条。

事假的，用人单位可以不支付事假期间工资。

问答 387 上午刮台风，有强降雨，领导安排白班休息，是否需要支付当天工资？

非因劳动者原因导致无法工作的，用人单位应当支付工资 ①。

问答 388 公司经营状况不好，领导要求给全员只发 4000 元工资，先帮公司渡过难关，等三个月后再补发。公司和员工签订了相关协议。员工是否可以以不足额支付薪水为由要求公司全额支付并获得经济补偿？另外，如果公司真发不出工资应该走什么程序才合法？

用人单位因生产经营困难暂时无法按时支付工资的，应当向劳动者说明情况，并经与工会或者职工代表协商一致后，可以延期支付工资，但最长不得超过 30 日 ②。

问答 389 我们酒店从去年到现在每个月都有损耗（是管理出了问题，对不上账也找不到损耗的原因）。总经理要求我们全店员工均摊，并在每个月发薪日签名确认工资的同时由会计拿出一个《店内损耗折价确认表》，由员工签上自己名字，这样员工就无缘无故地承担了店内损耗，每个月顺理成章被扣了工资，请问这样做合法吗？员工在《店内损耗折价确认表》上签的名字有法律效力吗？

一般来说，未见法律禁止劳动者自愿承担用人单位的经营风险，除非劳动者证明存在欺诈、胁迫等情形的；用人单位通过制度规定的方式强行要求劳动者承担经营风险没有法律依据。

问答 390 公司想将一线人员由无责薪资调整为有责薪资，如果多数员工反对，是否有其他方式推进？另外，员工的绩效提成可以缓发吗？缓发最长时间是多久？

用人单位变更工资支付条款应当与劳动者协商一致 ③；如果用人单位单方变更，变

① 《工资支付暂行规定》第十二条。
② 《北京市工资支付规定》第二十六条。
③ 《劳动合同法》第三十五条。

更后发放的工资低于变更前的，有可能被认定为未足额支付劳动报酬；用人单位因生产经营困难暂时无法按时支付工资的，应当向劳动者说明情况，并经与工会或者职工代表协商一致后，可以延期支付工资，但最长不得超过 30 日 [①]。

问答 391 某加油站员工被发现没有讲规定的服务用语和推销燃油宝，被扣 4000 多元（一个月工资），怎样维权？

除法律另有规定的情况外，用人单位无权对劳动者进行罚款。劳动者的合法权益遭到侵害的，可以依法向劳动人事争议仲裁委员会提起仲裁申请。

问答 392 年薪制人员加班，是否应付加班费？如果薪酬管理办法中明确规定，除基本年薪和绩效年薪外，不能领取其他薪酬，是否可以以此为依据，不付加班费呢？另外，年薪制人员年假未休，是否也能以此为依据不另付工资？

根据《劳动法》第四十四条的规定，劳动者加班应支付加班工资，未见过有关年薪制可以不支付加班费和未休年休假工资的规定。

问答 393 公司规章制度里有关于工薪缓发的相关规定，如员工离职时不办理离职交接手续、财务借款超期不还等情形，但是劳动法中的规定是用人单位无正当理由超期不支付工资均属于无故拖欠工资，除公司遇到不可抗力原因包括自然灾害、战争等，或企业生产经营困难经工会同意后可暂时延期支付。那公司关于工薪缓发的规定到底合不合法？

用人单位因生产经营困难、资金周转受到影响，在征得本单位工会同意后，可暂时延期支付劳动者工资 [②]，在北京地区，最长不得超过 30 日 [③]。

问答 394 想在员工现有工资里拿出一部分作为全勤奖，合法吗？

---

① 《北京市工资支付规定》第二十六条。
② 《对〈工资支付暂行规定〉有关问题的补充规定》第四条。
③ 《北京市工资支付规定》第二十六条。

变更劳动报酬，应与劳动者协商一致①。

问答 395 原本每月 10 日发工资，公司想调整到每月 15 日。发一个通知就可以吗？

用人单位应当全面履行劳动合同约定的义务，不得单方变更，变更工资发放日期应当与劳动者协商一致②。

问答 396 单位不给劳动者安排工作，也没有停产停业，就是故意不安排，需要支付全额工资吧？依据是哪条？

非因劳动者原因造成的劳动者无工作可做，用人单位应当依据法律规定和劳动合同的约定及时足额支付劳动报酬③。

问答 397 劳动合同约定，待工期间单位不支付任何费用，是否无效？依据是什么呢？

非因劳动者本人原因造成用人单位停工、停业的，在一个工资支付周期内，用人单位应当按照提供正常劳动支付劳动者工资；超过一个工资支付周期的，可以根据劳动者提供的劳动，按照双方新约定的标准支付工资，但不得低于本市最低工资标准；用人单位没有安排劳动者工作的，应当按照不低于本市最低工资标准的 70% 支付劳动者基本生活费④。

问答 398 公司 4 个月未发工资（资金紧张，后期慢慢补发），员工提出离职，要求一次性支付未发工资，并要求公司支付未发工资额的 50% 作为赔偿，公司可以合法拒绝赔偿金要求吗？

用人单位未按照劳动合同的约定或者国家规定及时足额支付劳动者劳动报酬的，由劳动行政部门责令限期支付，逾期不支付的，责令用人单位按应付金额百分之五十以上

---

① 《劳动合同法》第三十五条。
② 《劳动合同法》第三十五条。
③ 《北京市工资支付规定》第二十七条。
④ 《北京市工资支付规定》第二十七条。

百分之一百以下的标准向劳动者加付赔偿金①。

问答 399 公司违法调岗降薪，员工不断向上级主管部门申诉，在此期间，公司以增加奖金和工龄工资为由要求员工签署薪酬确认书，员工担心拿不到增加工资就签了。请问员工能否讨回之前所扣工资吗？

既然劳动者已经签字确认了工资数额，如果再向裁审机关提出诉求，一般不会得到支持。

问答 400 加班工资基数怎么算？合同中约定加班工资按基本工资算是否就能依据合同约定，还是要按照工资单中所有算作工资的总数来算基数？

用人单位与劳动者在劳动合同中约定了加班费计算基数的，以该约定为准；双方同时又约定以本市规定的最低工资标准或低于劳动合同约定的工资标准作为加班费计算基数，劳动者主张以劳动合同约定的工资标准作为加班费计算基数的，应予支持；劳动者正常提供劳动的情况下，双方实际发放的工资标准高于原约定工资标准的，可以视为双方变更了合同约定的工资标准，以实际发放的工资标准作为计算加班费计算基数。实际发放的工资标准低于合同约定的工资标准，能够认定为双方变更了合同约定的工资标准的，以实际发放的工资标准作为计算加班费的计算基数②。

问答 401 离职时公司会暂扣员工剩余未结清工资，半年后发放，说是怕员工会有业务遗留问题，这样合法吗？

不合法，应当在劳动合同解除时结清工资。

问答 402 员工离职以后主张年终奖，公司已明确规定发年终奖之前离职没有年终奖，如果员工提起仲裁会怎么裁决？

年终奖如何发放应当依照合法有效的约定或者规章制度执行。

---

① 《劳动合同法》第八十五条。

② 《北京市高级人民法院、北京市劳动人事争议仲裁委员会关于审理劳动争议案件法律适用问题的解答》第二十二条。

问答 403 | 新员工入职半个月，还没来得及签合同就发现不适合，员工提出离职，应该发放工资吗？

劳动者提供了劳动，用人单位应当支付劳动报酬。

问答 404 | 员工住宿费从工资里扣合适吗？

可以依据劳动合同的约定或者其他书面的约定扣除。

问答 405 | 员工休病假 16 天，出勤 11 天，这种情况下工资应如何发放？

病假工资按照用人单位员工手册或劳动合同中约定的病假工资标准支付。出勤 11 天按 11 天计算出勤工资即可。

问答 406 | 试工一天需要支付工资吗？试工是为了看是否能够录用，这种情况可以不支付工资吗？

劳动关系自用工之日建立[1]，劳动者提供劳动，用人单位就应当支付相应报酬。

问答 407 | 公司未做任何说明，没有公示，没有绩效面谈，没有确认就将员工绩效成绩评为"下"并扣工资，这种做法的法律风险是什么？

用人单位给员工评定绩效应当严格按照相关绩效管理制度执行，如果凭空认定员工绩效为"下"，一旦发生劳动争议，若用人单位不能举证证明绩效评估有理有据，极有可能需支付劳动者全额绩效工资，如果扣发绩效工资，可能被视为拖欠劳动报酬。

问答 408 | 加班工资以最低工资标准核算也是合法的对吧？

计算加班工资的工资基数，应当按照下列原则确定：（一）按照劳动合同约定的劳动者本人工资标准确定；（二）劳动合同没有约定的，按照集体合同约定的加班工资基数以及休假期间工资标准确定；（三）劳动合同、集体合同均未约定的，按照劳动者本

---

[1] 《劳动合同法》第七条。

人正常劳动应得的工资确定。依照前款确定的加班工资基数以及各种假期工资不得低于本市规定的最低工资标准①。实践中，直接约定以最低工资标准核算加班工资一般不会获得支持。

问答 409　如果公司不能按照之前约定的时间支付员工当月工资该如何处理？比如，会晚 10—15 天，可以跟员工协商延期期间并支付利息吗？

用人单位因生产经营困难暂时无法按时支付工资的，应当向劳动者说明情况，并经与工会或者职工代表协商一致后，可以延期支付工资，但最长不得超过 30 日②。

问答 410　加班费有上限吗？如果年薪 30 万元，加班费能全部得到支持吗？

加班费属于劳动报酬，劳动者付出劳动获得报酬，没有上限一说。

问答 411　对年终奖发放，法律有规定吗？之前发了今年也一定要发吗？

年终奖发放需要依照劳动合同约定或用人单位相关制度规定执行。如果既没有约定也没有规定，往年一直发放年终奖，今年不发应当有合理的说明。

问答 412　试用期前增加 7 天试岗期可以吗？试岗期可以不付薪资吗？

试岗期不是一个法律概念，在试用期前增加 7 天试岗期无法律依据，劳动者提供一天劳动，用人单位就要支付一天工资，所谓的试岗期不计薪资违法。

问答 413　加班调休转年清零且不补加班费是不是不合法？

用人单位应当足额支付劳动报酬，加班费属于劳动报酬，加班调休转年清零且不补加班费不合法。

问答 414　公司员工月中被公安局带走了，过了几天写了离职申请。那他的本月工资还发给他吗？可以不发吗？

---

① 《北京市工资支付规定》第四十四条。
② 《北京市工资支付规定》第二十六条。

劳动者提供了几天劳动就发几天工资。

问答 415 | 周末加班，无法安排调休的必须付加班费是吗？不付加班费的后果是什么？

休息日安排劳动者工作又不能安排补休的，支付不低于工资的百分之二百的工资报酬[①]。以转移财产、逃匿等方法逃避支付劳动者的劳动报酬或者有能力支付而不支付劳动者的劳动报酬，数额较大，经政府有关部门责令支付仍不支付的，处三年以下有期徒刑或者拘役，并处或者单处罚金；造成严重后果的，处三年以上七年以下有期徒刑，并处罚金[②]。

问答 416 | 医院的护工、护工公司和病人之间是一种什么关系？护工拿不到工资，护工公司和病人谁有责任？申请劳动仲裁会受理吗？

通常应该是病人聘请护工公司提供护理服务，护工公司安排护工完成具体工作任务。护工拿不到工资，护工公司承担责任。

问答 417 | 工资条必须发给员工吗？可以不发吗？

用人单位必须书面记录支付劳动者工资的数额、时间、领取者的姓名以及签字，并保存两年以上备查。用人单位在支付工资时应向劳动者提供一份其个人的工资清单[③]。

问答 418 | 公司项目停工，员工放假一年，一年期间全额发放工资，现协商解除劳动合同并给予 N+1 补偿，员工不同意解除，可否按照《北京市工资支付规定》第二十七条规定的北京市最低工资标准发放工资？

非因劳动者本人原因造成用人单位停工、停业的，在一个工资支付周期内，用人单位应当按照提供正常劳动支付劳动者工资；超过一个工资支付周期的，可以根据劳动者提供的劳动，按照双方新约定的标准支付工资，但不得低于本市最低工资标准；用人单位没有安排劳动者工作的，应当按照不低于本市最低工资标准的 70% 支付劳动者基本

---

① 《劳动法》第四十四条。
② 《中华人民共和国刑法》第二百七十六条之一。
③ 《工资支付暂行规定》第六条。

生活费 [①]。公司项目停工和用人单位停工、停业的内涵不一定完全相同，项目停工不一定适用上述规定。

问答 419 高温津贴的主张时效到底是从离职之日起计算，还是自知道权利被侵害之日起计算？

高温津贴属于工资总额的组成部分 [②]，适用特殊时效，即劳动关系终止或者解除的，应当自劳动关系终止或者解除之日起一年内提出。

问答 420 公司的校招实习生，学校要求将劳动报酬支付给学校，学校再转给学生。请问对于公司来说有什么劳动法上的风险吗？该如何操作规避风险？

签订三方协议，明确各自的权利义务即可。

问答 421 员工工资不低于最低工资标准，是扣完社保和公积金之后不低于最低工资吗？

最低工资标准的组成不包括劳动者个人应缴纳的各项社会保险费和住房公积金，用人单位应按规定另行支付 [③]。

问答 422 《深圳市员工工资支付条例》第十一条规定，工资支付周期不超过一个月的，约定的工资支付日不得超过支付周期期满后第七日，这是要求每个月工资在下个月 7 日前支付吗？

不完全是，应根据用人单位与劳动者具体约定的工资支付周期确定。双方约定的周期如果为上月 20 日至本月 20 日，那么最迟应当于本月 27 日前支付，而不是 7 日支付。

问答 423 年终奖属于工资吗？有没有一年的时效限制？

---

① 《北京市工资支付规定》第二十七条。
② 《关于工资总额组成的规定》第四条。
③ 《最低工资规定》第十二条。

年终奖属于工资^①，适用有关劳动报酬的特殊时效^②。

问答 424 公司在发工资时，因财务人员操作失误，导致当月给员工发了两次工资，员工已离职，目前也联系不上，有什么方法可以要求员工把多发放的工资退回公司？

如果确属重复发放工资，用人单位可以通过仲裁要求劳动者退还多发放的工资，有的地方可以直接到法院起诉，通过民事诉讼的方式请求劳动者退还多发放的工资（不当得利）。

问答 425 通过绩效考核扣员工工资，违法吗？

用人单位应根据合法有效的绩效考核规定以及考核标准对劳动者进行考核，依据考核结果发放相应绩效工资^③。

问答 426 公司拖欠工资，如果宣告破产可以不补发工资吗？

用人单位宣布破产的，应在清算财产中，优先支付劳动者工资^④。

问答 427 用人单位可以利用考核扣工资吗？可以低于当地最低工资标准吗？

用人单位应根据合法有效的绩效考核制度对劳动者进行考核，并依据考核结果发放绩效工资。发放给劳动者的工资不能低于当地最低工资标准^⑤。

问答 428 加班费诉讼时效是两年吗？是从合同终止之日起算吗？

加班费属于劳动报酬^⑥，适用特殊时效，劳动关系终止或者解除的，应当自劳动关系终止或解除之日起一年内提出^⑦。

---

① 《关于工资总额组成的规定》第四条。
② 《劳动争议调解仲裁法》第二十七条。
③ 《劳动法》第四十七条。
④ 《中华人民共和国企业破产法》第四十二条、第四十三条。
⑤ 《最低工资规定》第十二条。
⑥ 《关于工资总额组成的规定》第四条。
⑦ 《劳动争议调解仲裁法》第二十七条。

问答 429 如果员工在中秋节当日入职，又在中秋节当天加班，请问计算工资的时候中秋节当天的工资和三薪都要支付吗？如果都要支付，是不是就是四倍工资了？

劳动者在法定节假日加班的，用人单位需要另外再支付三倍工资[①]。

问答 430 公司每月在每位员工工资里扣 5 元做基金，员工生日的时候发放价值二三十元的礼品作为生日礼物。该操作未征求员工意见，请问是否可以说是克扣工资呢？

扣发劳动者的工资应有法定事由或经劳动者同意[②]，如果劳动者在每月的工资条上签字确认的，视为劳动者同意，否则构成未足额支付劳动报酬。

问答 431 员工来上班 5 天，工资还不够扣社保，那么公司实发工资是 0 元吗？如果员工当月全勤，但是工资也不够扣社保，工资实发为当地最低工资标准吗？

用人单位发放劳动者工资应根据其实际出勤天数计算，如果劳动者在发薪周期实际出勤天数所得工资数额低于扣缴社保金额，实发工资当然可以为 0 元甚至是负数。但在劳动者全勤的情况下，用人单位发给劳动者的工资不能低于当地最低工资标准[③]。

问答 432 关于工资发放日期，劳动法有规定吗，是当月工资必须当月支付吗？

工资必须在用人单位与劳动者约定的日期支付。如遇节假日或休息日，则应提前在最近的工作日支付。工资至少每月支付一次，实行周、日、小时工资制的可按周、日、小时支付工资[④]。在北京地区，用人单位迟于一个工资支付周期 7 日支付工资即视为未及时支付劳动报酬。

问答 433 如果将销售人员的薪资结构设计为底薪＋提成，底薪部分也按照当月完成

---

① 《对〈工资支付暂行规定〉有关问题的补充规定》第二条。
② 《工资支付暂行规定》第十五条。
③ 《劳动法》第四十八条。
④ 《工资支付暂行规定》第七条。

业绩进行分档，可以吗？

用人单位可以与劳动者约定工资构成方式，不违反法律规定即可，不论如何约定，每月劳动者的实得工资（不含加班费）不得低于当地最低工资标准[①]。

问答 434 公司在发十三薪或年终奖时，对于休产假或休长病假的员工，如何发放？（注：公司没有发放制度）

用人单位与劳动者在没有约定或制度规定年终奖（十三薪）是否发放的情况下，是否发放年终奖（十三薪）以及发放标准，一般情况下由用人单位自主决定，属于用人单位用工管理自主权范畴。

问答 435 员工于 10 月 8 日提出辞职，当天就交接并办离职手续了，应该怎么支付工资？

劳动者当月应发工资等于日平均工资乘以计薪日，法定节假日属于计薪日。

问答 436 公司实行单休，那么算法定加班费及日常加班费时是按照 21.75 天核算还是按单休天数？

不管实行单休还是双休，首先按照月计薪天数 21.75 天核算出日工资（月工资标准除以 21.75），然后分情况计算延时加班工资、休息日加班工资和法定节假日加班工资。

问答 437 请问交通补助是否需要缴纳个税？

每月以货币固定发放的交通补助属于劳动报酬，应合并为劳动者应纳税所得额。

问答 438 工资里有交通补贴、租房补贴，这类补贴是和工资一起都要正常扣税还是可以在税前扣除一部分免征额？有免征个税的标准吗？

每月以货币固定发放的交通补贴和租房补贴属于工资组成部分[②]，应当依法合并为劳动者应纳税所得额。

---

① 《最低工资规定》第十二条。
② 《关于工资总额组成的规定》第四条。

问答 439　计件工资制度不设定额劳动量的情况下，员工的加班工资如何计算？是按照 8 小时之外的时间算加班吗？另外，如果设定定额劳动量，定额劳动量是否应该按照 90% 的员工都能完成的量来制定？

《劳动法》第三十七条规定："对实行计件工资的劳动者，用人单位应当根据本法第三十六条规定的工时制度合理确定其劳动定额和计件报酬标准。"因此，实行计件工资制的用人单位应当确定劳动定额，不设定额不符合法律规定。实行计件工资的劳动者，在完成计件定额任务后，由用人单位安排延长工作时间的，应根据法定原则，分别按照不低于其本人法定工作时间计件单价的 150%、200%、300% 支付工资[①]。

问答 440　公司销售人员的薪酬架构是底薪 + 绩效奖金，如果员工请假，当月没有绩效或绩效较少，导致实发工资低于最低工资标准，这个是否可行呢？

各地关于最低工资支付标准的规定并不统一，在北京，最低工资指劳动者全勤情况下的实得工资，在劳动者存在缺勤的情况下，实得工资可以低于最低工资标准。

问答 441　offer 里约定了十四薪，且没有说明以劳动合同为准。劳动合同只约定了基本工资。这种情况下，年终奖执行要以 offer 为准吗？

这种情况需要查看具体的约定和公司的薪酬管理规定才能作出判断。劳动合同中约定的工资标准和 offer 中不一致的，以劳动合同的约定为准。

问答 442　员工春节后提出离职，又上班 2 天（2 月 11 日及 12 日），离职工资结算时还发放春节 7 天假期的工资吗？还是可以直接按照出勤天数结算？

春节三天属于法定节假日，其间需要正常支付工资，2 月劳动者出勤天数加上春节三天法定假即为该劳动者 2 月的计薪日，日工资乘以计薪日即为该劳动者的 2 月工资。

问答 443　如果薪资由基本工资 + 绩效工资组成，那么员工休产假期间或者医疗期间，能否不发绩效工资，只发基本薪资呢？

---

① 《劳动法》第四十四条。

产假期间应当发放生育津贴，生育津贴低于本人工资标准的，用人单位应当补足；病假期间，用人单位应当依据约定或者规定发放病假工资。

问答 444 5 月 10 日员工办完离职手续并离开公司（5 月 1 日至 5 月 4 日员工正常休假），当月实际出勤天数为 6 天，核算工资时，是按照实际出勤 6 天计算工资，还是劳动节假期也要支付工资？

根据《劳动法》第五十一条的规定，劳动者在法定休假日和婚丧假期间以及依法参加社会活动期间，用人单位应当依法支付工资。因此，5 月的计薪日应该是出勤日 + 法定节假日。

问答 445 公司一直实行计时工资，现在想改为计件形式，合同是否需要变更加班基数？

用人单位改变劳动者薪酬计发方式的，应当和劳动者协商一致，无权单方变更；实行计件工资的劳动者，在完成计件定额任务后，由用人单位安排延长工作时间的，分别按照不低于其本人法定工作时间计件单价的 150%、200%、300% 支付其工资[①]。

问答 446 过年有三天法定节假日，但员工 2 月中旬就离职了，这三天法定节假日应该给工资吗？

春节放假期间属于带薪假期，应计发工资。

问答 447 员工 1 月 2 日入职，工资按倒扣法计算，1 月 1 日法定假日工资是否该扣除？

1 月 1 日用人单位与劳动者尚未建立劳动关系，无须支付该日工资，该日不属于计薪日。

问答 448 劳动者在职期间出差可以要求出差补助吗？法律依据是什么？

---

① 《工资支付暂行规定》第十三条。

出差补助一般依据公司规定或者劳动合同约定支付，出差本身属于工作的一部分，如果公司规章制度或者劳动合同未规定给予补助，劳动者主张补助无依据。

问答 449 《劳动法》修订后，迟到早退能否扣工资？具体的法律条款或文件是哪个？

《劳动法》不管怎么修订都不会涉及迟到早退这么细的规定，所以法律条文里是找不到的。因迟到早退而扣工资没有法律依据。

问答 450 员工操作不当，把公司价值 3000 元左右的财产损坏了，公司考虑他是老员工，也不准备让员工赔偿，只是按照《员工手册》对员工的行为过失处罚 300 元，但员工不愿签字认可，是不是也不能在工资内扣除？那么应该怎么处理呢？

因劳动者本人原因给用人单位造成经济损失的，用人单位可按照劳动合同的约定要求其赔偿经济损失。经济损失的赔偿，可从劳动者本人的工资中扣除。但每月扣除的部分不得超过劳动者当月工资的 20%。若扣除后的剩余工资部分低于当地月最低工资标准，则按最低工资标准支付[①]。

问答 451 如果员工因违纪遭到了经济处罚，或者被扣绩效了，员工可以要求用人单位开具经济处罚或绩效扣款的收据吗？

用人单位罚款没有法律依据。在制度合规或者约定有效的情况下，依规可以扣减绩效。不存在写收据的问题，被扣减的钱本来就不属于劳动者所有。

问答 452 公司不发工资单是否侵权，需要承担什么责任？员工是否可以要求补发前 12 个月的工资单？

用人单位必须书面记录支付劳动者工资的数额、时间、领取者的姓名以及签字，并保留两年以上备查。用人单位在支付工资时应当向劳动者提供一份其个人的工资

---

① 《工资支付暂行规定》第十六条。

清单①。

问答 453 领导要求将工资取现金发给他，合法吗？

工资应当以货币形式按月支付给劳动者本人②。货币形式包括现金和银行转账。

问答 454 周六上班是必须双倍支付工资的对吗？哪怕是一周工作总时长不超过 40 小时？

劳动者每日工作不超过 8 小时③，每周工作不超过 40 小时④，每周至少休息 1 天⑤。只要符合该规定，就不会存在支付双倍工资的问题。比如，劳动者周六周日上班，周一周二休息，每天工作 8 小时，单位就不需要支付加班工资。

问答 455 员工十月整个月请事假，怎么算工资？

劳动者在事假期间，用人单位可以不支付其工资⑥。当然，如果你们单位是有薪事假，按照规定执行即可。

问答 456 公司可以对员工降薪吗？比如，一位员工在 2 年前签订的《劳动合同》上的薪资是 5000 元，现在他的薪资已经是 6500 元。今年经过公司 KPI 考核，他没有达到公司的要求，那么公司可以降薪吗？是不是只要不少于他《劳动合同》上的薪资，就不属于违法变更《劳动合同》？

因用人单位作出的开除、除名、辞退、解除劳动合同、减少劳动报酬、计算劳动者工作年限等决定而发生的劳动争议，用人单位负举证责任⑦。用人单位降薪应当举证证明降薪的理由和依据，理由充分，依据合法有效，降薪就有可能获得支持。

---

① 《工资支付暂行规定》第六条。
② 《劳动法》第五十条。
③ 《劳动法》第三十六条。
④ 《国务院关于职工工作时间的规定》第三条。
⑤ 《劳动法》第三十八条。
⑥ 《北京市工资支付规定》第二十二条。
⑦ 《最高人民法院关于审理劳动争议案件适用法律问题的解释（一）》第四十四条。

问答 457 关于法定节假日3倍工资的支付与企业计薪天数的核算规则有关联吧？比如，A企业是按21.75天/月作为应计薪天数的，而B企业是按当月应出勤天数+法定节假日作为应计薪天数的，这种情况下，同样月薪的员工在不同企业的法定节假日加班薪资算出来的结果就不一样了。但，不管是A企业还是B企业，法定节假日当天加班的话，所得报酬都是当日日薪+3倍日薪（加班费）=4倍日薪，对吧？

月计薪天数是法定的，不能因为HR的习惯而随意确定。根据《劳动和社会保障部关于职工全年月平均工作时间和工资折算问题的通知》（劳社部发〔2008〕3号）的规定，月计薪天数=(365天−104天)÷12月=21.75天。对于法定节假日当天加班，根据《对〈工资支付暂行规定〉有关问题的补充规定》第二条的规定，安排在法定休假节日工作的，应另外支付给劳动者不低于劳动合同规定的劳动者本人小时或日工资标准300%的工资。

第六章

工时与休假管理问答

问答 458 对餐饮行业人员，如厨师、服务员等，实施综合计算工时工作制，有没有问题？

《关于企业实行不定时工作制和综合计算工时工作制的审批办法》第五条规定，企业对符合下列条件之一的职工，可实行综合计算工时工作制，即分别以周、月、季、年等为周期，综合计算工作时间，但其平均日工作时间和平均周工作时间应与法定标准工作时间基本相同。（一）交通、铁路、邮电、水运、航空、渔业等行业中因工作性质特殊，需连续作业的职工；（二）地质及资源勘探、建筑、制盐、制糖、旅游等受季节和自然条件限制的行业的部分职工；（三）其他适合实行综合计算工时工作制的职工。因此，对餐饮行业人员，企业可以向劳动行政部门申请实行综合计算工时工作制。

问答 459 按照公司制度，员工加班，可以给予调休。这个调休必须在当月休完，还是说可以跨月？

调休在多长时间内调，未见相关法律规定，用人单位应当根据工作的具体情况适时安排。

问答 460 公司在北京，实行不定时工作制，需要到人力资源和社会保障局审批备案吗？

在北京地区，用人单位实行不定时工作制需要经区、县劳动行政部门批准。企业中的高级管理人员实行不定时工作制，不办理审批手续①。

---

① 《北京市企业实行综合计算工时工作制和不定时工作制的办法》第十五条、第十六条。

问答 461 《公司法》规定，高级管理人员是指公司的经理、副经理、财务负责人，上市公司董事会秘书和公司章程规定的其他人员。如果公司制度规定经理及以上人员属于高级管理人员，那他们就可以签不定时工作制的合同，不需要特殊申请了，可以这样理解吗？

公司高级管理人员的范围需要在公司章程里规定。一般情况下，公司章程定义的高管执行不定时工作制无须审批[①]。

问答 462 对劳务合同的工作时间有规定吗？最长多久？

基于劳务关系的劳务合同适用民法规定，工作时间长短以双方约定为准，但不能违反法律法规的强制性规定。

问答 463 单位规定年假 5 天，没有按《职工带薪年休假条例》执行，某些工龄超过 20 年的员工，可否请求应休未休年休假天数的 3 倍工资？

劳动者依照工龄享受年休假是劳动者的权利，用人单位无权剥夺。对于应休未休年休假，劳动者有权要求用人单位支付 3 倍工资（包含正常工资）[②]。

问答 464 休假标准按照公司注册地标准还是员工实际工作地标准？是两地均可，由公司自己选择吗？

《劳动合同法实施条例》第十四条规定，劳动合同履行地与用人单位注册地不一致的，有关劳动者的最低工资标准、劳动保护、劳动条件、职业危害防护和本地区上年度职工月平均工资标准等事项，按照劳动合同履行地的有关规定执行；用人单位注册地的有关标准高于劳动合同履行地的有关标准，且用人单位与劳动者约定按照用人单位注册地的有关规定执行的，从其约定。

问答 465 是累计工作满一年就可以享受 5 天年假，还是在目前工作单位工作不满 1

---

① 《北京市企业实行综合计算工时工作制和不定时工作制的办法》第十六条。
② 《企业职工带薪年休假实施办法》第十条。

年不享受年假？有没有具体法律条文规定？如果累计工作满一年，在现单位工作不满一年，是否也得按照5天年假来休？

根据《职工带薪年休假条例》第三条的规定，职工累计工作已满1年不满10年的，法定带薪年休假5天。这里的工作年限指的是累计工作年限，不是在本单位的工作年限。《企业职工带薪年休假实施办法》第五条规定，职工新进用人单位且符合本办法第三条（职工连续工作满12个月以上的，享受带薪年休假）规定的，当年度年休假天数，按照在本单位剩余日历天数折算确定，折算后不足1整天的部分不享受年休假。前款规定的折算方法为：（当年度在本单位剩余日历天数÷365天）×职工本人全年应当享受的年休假天数。

问答 466　对于年休假，公司是不可以不批的吧？

根据《职工带薪年休假条例》第五条的规定，用人单位根据生产、工作的具体情况，并考虑职工本人意愿，统筹安排职工年休假。也就是说何时安排休年假的主动权在用人单位，但不论何时安排，用人单位应当保障劳动者当年度的年休假可以休完。

问答 467　员工周六值班能安排平日倒休吗？

用人单位在休息日安排劳动者工作的，应当优先安排倒休，不能倒休的需支付不低于百分之二百的加班工资。但是，值班与加班是有区别的，若周六日安排劳动者值班，可以在相关制度中规定支付值班补贴或是安排倒休。

问答 468　每月满勤天数是多少天？

满勤天数应当和日历上的工作日天数一致，每月不固定。

问答 469　出差往返时间如何处理，是否支付三倍加班工资？

出差期间的在途时间一般不视为工作时间。

问答 470　员工无偿献血，单位需要给其休假时间吗？

有些地区对于无偿献血的劳动者给予公假的待遇。比如，《广州市公民义务献血工作管理办法》第九条第一款规定，献血者献血后，由市血站给予公假证明（两天）和一次性的营养补助费。

问答 471 年休假有诉讼时效吗？

劳动者要求用人单位支付其未休带薪年休假工资中法定补偿（200% 福利部分），诉请的仲裁时效期间应适用《劳动争议调解仲裁法》第二十七条第一款规定，即劳动争议申请仲裁的时效期间为一年。仲裁时效期间从当事人知道或者应当知道其权利被侵害之日起计算。考虑年休假可以集中、分段和跨年度安排的特点，故劳动者每年未休带薪年休假应获得年休假工资报酬的时间从第二年的 12 月 31 日起算[①]。

问答 472 如果公司有部分员工实行综合计算工时工作制，需要到相关部门备案吗？

企业确因生产经营特点和工作的特殊性不能实行每日工作 8 小时，每周工作 40 小时的，经申报、批准可以实行综合计算工时工作制或者不定时工作制[②]。

问答 473 我司现在开展门店业务，营业员实行上一休一制度，每班 12 小时，这种情况怎么签订劳动合同？目前使用的是北京市统一版本的劳动合同书。

在标准工时制度下，实行劳动者每日工作时间不超过八小时、平均每周工作时间不超过四十小时的工时制度。用人单位可以根据本企业经营特点实行综合计算工时工作制或不定时工作制，特殊工时制需要经劳动部门审批[③]。贵司的情况符合综合计算工时工作制的特征，可以报经劳动行政部门批准后执行。

问答 474 关于非全日制用工，有规定全月工作时间不超过 96 小时吗？如有，是哪部法规呢？

《劳动合同法》第六十八条规定，非全日制用工，是指以小时计酬为主，劳动者在

---

① 《北京市高级人民法院、北京市劳动人事争议仲裁委员会关于审理劳动争议案件法律适用问题的解答》第十九条。

② 《北京市企业实行综合计算工时工作制和不定时工作制的办法》第四条。

③ 《北京市企业实行综合计算工时工作制和不定时工作制的办法》第四条。

同一用人单位一般平均每日工作时间不超过 4 小时，每周工作时间累计不超过 24 小时的用工形式。第七十二条第二款规定，非全日制用工劳动报酬结算支付周期最长不得超过 15 日。

问答 475　员工工龄如何认定，是以能证明第一次参加工作的时间起算吗？以养老保险缴费时间起算是否合理合法？如果可以，员工自行缴纳社保的时间是否也可以计入累计工龄？

职工连续工作 1 年以上的，享受带薪年休假[①]，劳动者应证明其连续工作满一年的事实，并提供工作年限的证据。实践中，裁审机关多根据劳动者的社保缴费记录确定劳动者工作年限。

问答 476　兼职的工作时间，按国家规定是每天不超过 4 小时，每周不超过 24 小时，按天算的话，我们不符合规定，但按周累计是没有超过 24 小时的，这个可以吗？

非全日制用工，是指以小时计酬为主，劳动者在同一用人单位一般平均每日工作时间不超过 4 小时，每周工作时间累计不超过 24 小时的用工形式[②]。如果一周上 3 天班，每天 8 小时，就有可能被认定为全日制用工。

问答 477　现在劳动法律有规定每周工作时间不超过 44 小时吗？

国家实行劳动者每日工作时间不超过 8 小时、平均每周工作时间不超过 40 小时的工时制度[③]。

问答 478　月加班如果超过 36 小时，对公司有惩罚措施吗？

用人单位违反规定，延长劳动者工作时间的，由劳动行政部门给予警告，责令改正，

---

① 《企业职工带薪年休假实施办法》第三条。
② 《劳动合同法》第六十八条。
③ 《国务院关于职工工作时间的规定》第三条。

并可以处以罚款 [①]。

| 问答 479 | 公司要求在职员工在公司工龄满一年才可以享受年休假，可以吗？

不可以，会因违反法律强制性规定而无效 [②]。

| 问答 480 | 员工在周五、周六、周日去外地出差，实际上周六工作一天，周日是返程，这种情况下，周日算加班吗？

一般情况下，出差期间的在途时间不算作劳动者的工作时间，除非劳动者有证据证明其在途期间提供了劳动。

| 问答 481 | 在单位"加班"与"值班"有什么区别？

一般来说，加班是指劳动者根据用人单位的安排在法定工作时间外仍然在自己的工作岗位上从事本职工作，而值班则是用人单位临时安排劳动者从事与本职工作不具关联性的任务，值班期间劳动者可以休息。

| 问答 482 | 工作满 10 年，享受年休假 10 天，这个 10 年是怎么算的？是从缴纳社保那天开始累计 10 年吗？社保中间断过，有影响吗？

年休假天数根据职工累计工作时间确定。职工在同一或者不同用人单位工作期间，以及依照法律、行政法规或者国务院规定视同工作期间，应当计为累计工作时间 [③]。

| 问答 483 | 员工每天工作时间为 8 小时，早八点半至晚六点，中午一个半小时是吃饭时间，这样的工作时间合理吗？

用人单位与劳动者可以在劳动合同中约定或者在用人单位的规章制度里规定，午休时间不视为工作时间。

| 问答 484 | 每天加班时间不超过 3 小时，是指工作日的加班吧？周六日加班有限制吗？

---

① 《劳动法》第九十条。
② 《职工带薪年休假条例》第二条。
③ 《企业职工带薪年休假实施办法》第四条。

根据《劳动法》第四十一条的规定，用人单位由于生产经营需要，经与工会和劳动者协商后可以延长工作时间，一般每日不得超过一小时；因特殊原因需要延长工作时间的，在保障劳动者身体健康的条件下延长工作时间每日不得超过三小时，但是每月不得超过三十六小时。这里的每日不超过三小时是指工作日延时加班，每月不超过三十六小时包括休息日加班的小时数。

问答 485 公司一个员工 10 月离职，按我们公司一年 15 天的年假折算，他只有 12 天年假，但实际上他已经累计休了 13 天。多休的一天能否在最后一个月发工资时扣除工资？

用人单位无权扣除劳动者离职时多休年假天数的折算工资[①]。

问答 486 出差恰逢双休日，算不算加班？

劳动者出差恰逢休息日的，如劳动者在此期间提供了劳动，属于加班；如果没有提供劳动，包括在途时间，都不属于加班。

问答 487 如果加班超时，如一个月加班 50 小时，但公司按规定发加班工资，有什么法律风险？

用人单位违法延长劳动者工作时间的，由劳动行政部门给予警告，责令改正，并可以处以罚款[②]。

问答 488 离职员工还有未休年休假，是额外补两倍工资，对吧？

按其日工资的 300% 支付相应天数的未休年休假工资[③]。

问答 489 劳动合同终止，员工提出不续约，但他已有三年未休年休假，其本人工作期间未提出休假要求，现在要求对年休假以三倍日工资结算，这个有

---

① 《企业职工带薪年休假实施办法》第十二条。
② 《劳动法》第九十条。
③ 《企业职工带薪年休假实施办法》第十条。

没有具体的时效？

对劳动者应休未休的年休假天数，用人单位应当按照该职工日工资收入的300%支付年休假工资报酬。劳动者要求用人单位支付其未休带薪年休假工资中的法定补偿（200%福利部分），诉请的仲裁时效期间应适用《劳动争议调解仲裁法》第二十七条第一款的规定，即劳动争议申请仲裁的时效期间为一年。仲裁时效期间从当事人知道或者应当知道其权利被侵害之日起计算。考虑年休假可以集中、分段和跨年度安排的特点，故劳动者每年未休带薪年休假应获得年休假工资报酬的诉讼时效从第二年的12月31日起算[①]。

问答490 新员工刚到公司，是否可以享受带薪年休假？（注：已经累计工作超过一年）

职工连续工作满12个月以上的，享受带薪年休假[②]；用人单位应当制定年休假的具体请休办法，确保劳动者依规合法享有年休假。

问答491 员工有年休假没有休，且在离职时单位不同意休，也不同意给工资，想问下：如果年休假没有休，公司要给双倍工资吧？此员工是2021年9月25日入职，2022年11月20日离职，年休假是几天？这个年休假的天数与他的工龄有没有关系？此员工是2019年8月参加工作的，年休假又应该是几天？

《职工带薪年休假条例》第三条规定，职工累计工作已满1年不满10年的，年休假5天；已满10年不满20年的，年休假10天；已满20年的，年休假15天。年休假天数是以员工累计工作时间计算的，不是在本单位的时间。《企业职工带薪年休假实施办法》第十二条规定，用人单位与职工解除或者终止劳动合同时，当年度未安排职工休满应休年休假的，应当按照职工当年已工作时间折算应休未休年休假天数并支付未休年休假工资报酬，但折算后不足1整天的部分不支付未休年休假工资报酬。《企业职工带

---

① 《北京市高级人民法院、北京市劳动人事争议仲裁委员会关于审理劳动争议案件法律适用问题的解答》第十九条。
② 《职工带薪年休假条例》第三条。

薪年休假实施办法》第十条规定，用人单位经职工同意不安排年休假或者安排职工年休假天数少于应休年休假天数，应当在本年度内对职工应休未休年休假天数，按照其日工资收入的 300% 支付未休年休假工资报酬，其中包含用人单位支付职工正常工作期间的工资收入。

问答 492 企业实行综合计算工时工作制（职工上一天休一天），但未向劳动行政部门申请，也未获批，现职工每天上班 11 个小时，一个月一般上 15 天，如果这种用工制未获批，企业是不是要承担不利后果，法院或仲裁委员会是不是会按标准工时制来计算延时加班费？法律规定职工每天上班不超过 8 小时，如果职工午餐时间和休息时间不作为工作时间，是不是需要双方签订协议，书面确认？

　　用人单位实行综合计算工时工作制需经劳动行政部门审批[①]，未经批准，执行标准工时制，如果存在延时加班，需要支付加班费。如果职工午餐时间和休息时间不作为工作时间，双方需要在劳动合同里约定或者在制度中规定，否则有被认定为工作时间的可能。

问答 493 有员工 2013 年 6 月参加工作，但中间有一年其工作单位没有为其缴纳社保。所以现在他的社保缴费年限是 9 年，但实际工作了 10 年。这种情况下，年休假天数是根据哪个时间核算呢？劳动法里有明确规定吗？

　　计算年休假应当依据职工累计工作年限[②]，与社保缴费年限无关。

问答 494 企业可以自主制定年休假的休假方式吗，如要求员工在春节时休 3 天，这样的规定合法吗？

　　单位根据生产、工作的具体情况，并考虑职工本人意愿，统筹安排职工休年假[③]。

---

① 《关于企业实行不定时工作制和综合计算工时工作制的审批办法》第七条。
② 《职工带薪年休假条例》第三条。
③ 《职工带薪年休假条例》第五条。

用人单位可以在春节期间安排劳动者休年休假。

| 问答 495 | 公司规定工作满一年后，可以休上一年的年休假，是否合理？

用人单位确因生产、工作需要的，可以跨 1 个年度安排年休假①。

| 问答 496 | 妇女节是不是必须放假呢？

妇女节属于部分公民的法定节日，放假半天②。

| 问答 497 | 如果公司要求必须一次性休完年休假的话，周末计算在内吗？

国家法定休假日、休息日不计入年休假的假期③。

| 问答 498 | 妇女节是不是法定节假日？如果员工放假也要计算工资，那员工不放假，
不算加班，也不用调休，这样理解对吗？

根据国务院《全国年节及纪念日放假办法》的规定，妇女节（3 月 8 日），妇女放假半天，属于法定节假日。妇女加班的应当依法发加班费④。但是《劳动和社会保障部办公厅关于部分公民放假有关工资问题的函》规定，在部分公民放假的节日期间，对参加社会或单位组织庆祝活动和照常工作的职工，单位应支付工资报酬，但不支付加班工资。

| 问答 499 | 员工未休 2022 年年休假，但在 2022 年度内休过病假，在员工有医院病
假条的前提下，公司有权要求员工把 2022 年的年休假冲抵病假吗？

《职工带薪年休假条例》第四条规定，累计工作满 1 年不满 10 年的职工，请病假累计 2 个月以上的；累计工作满 10 年不满 20 年的职工，请病假累计 3 个月以上的，不享受当年的年休假。如果不符合上述情形，用人单位不能将劳动者的年休假冲抵病假。

| 问答 500 | 年休假规定中的连续工作满 12 个月指的是员工在入职本单位前连续工作

---

① 《职工带薪年休假条例》第五条。
② 《全国年节及纪念日放假办法》第三条。
③ 《职工带薪年休假条例》第三条。
④ 《劳动法》第四十四条。

满一年，还是员工只要满足连续工作满一年就可以呢？

职工连续工作满 12 个月即应当享有年休假，指的是劳动者自参加工作之日起连续工作满 12 个月，并不要求非要在本单位工作满 12 个月 [1]。

问答 501 已婚员工休探亲假，每 4 年给假一次，是不是说婚后在公司工作满 4 年才可以休？比如，一个员工进入公司工作 2 年后结婚了，又过了 2 年他想休探亲假，可以吗？

根据《北京市人民政府贯彻执行〈国务院关于职工探亲待遇的规定〉的实施细则》第三条的规定，在一个单位连续工作满四年，按照合同规定仍继续在本单位工作的，可以享受《国务院关于职工探亲待遇的规定》第三条第三项规定的探亲假。也就是说，在用人单位连续工作满四年，且满足已婚的条件，即可按照已婚职工探望父母的规定请休探亲假。

问答 502 再婚也有 10 天婚假吗？

在北京，婚假为 10 天；婚假未区分初婚还是再婚，再婚者与初婚者的法律地位相同，对再婚职工应当参照国家有关规定，给予同初婚职工一样的婚假待遇。

问答 503 如果员工当年未提出休年休假的申请，用人单位是否必须在年底前按照三倍工资对未休年休假人员进行补偿？如果未补偿，员工过几年提出异议是否还有效力？

用人单位确因工作需要不能安排劳动者休年休假的，经职工本人同意，可以不安排职工休年休假，但应当向劳动者支付未休年休假工资。诉请的仲裁时效期间应适用《劳动争议调解仲裁法》第二十七条第一款规定，即劳动争议申请仲裁的时效期间为一年。仲裁时效期间从当事人知道或者应当知道其权利被侵害之日起计算。考虑年休假可以集中、分段和跨年度安排的特点，故劳动者每年未休带薪年休假应获得年休假工资报酬的

---

[1] 《人力资源和社会保障部办公厅关于〈企业职工带薪年休假实施办法〉有关问题的复函》第一条。

诉讼时效从第二年的 12 月 31 日起算 ①。

| 问答 504 | 实行综合计算工时工作制的员工，轮休正好遇到法定节假日，还要对应轮休的工时给予补休吗？

实行综合计算工时工作制的企业职工，工作日正好是休息日的，属于正常工作；工作日正好是法定节假日的，要依照《劳动法》第四十四条第三项的规定支付职工工资报酬 ②。

| 问答 505 | 探亲假规定的"不能在公休假日团聚"，包括法定假日吗？员工连着国庆节一起请探亲假符合探亲假的休假条件吗？

《国务院关于职工探亲待遇的规定》第二条规定，凡在国家机关、人民团体和全民所有制企业、事业单位工作满一年的固定职工，与配偶不住在一起，又不能在公休假日团聚的，可以享受本规定探望配偶的待遇；与父亲、母亲都不住在一起，又不能在公休假日团聚的，可以享受本规定探望父母的待遇。但是，职工与父亲或与母亲一方能够在公休假日团聚的，不能享受本规定探望父母的待遇。这里的公休假日是指周六、周日休息日。探亲假的请假、销假流程按照单位的规定执行。

| 问答 506 | 能否介绍下不定时工作制和综合计算工时工作制的特点和适用范围？

企业对符合下列条件之一的职工，可以实行不定时工作制。（一）企业中的高级管理人员、外勤人员、推销人员、部分值班人员和其他因工作无法按标准工作时间衡量的职工；（二）企业中的长途运输人员、出租汽车司机和铁路、港口、仓库的部分装卸人员以及因工作性质特殊，需机动作业的职工；（三）其他因生产特点、工作特殊需要或职责范围的关系，适合实行不定时工作制的职工 ③。企业对符合下列条件之一的职工，可实行综合计算工时工作制，即分别以周、月、季、年等为周期，综合计算

---

① 《北京市高级人民法院、北京市劳动人事争议仲裁委员会关于审理劳动争议案件法律适用问题的解答》第十九条。

② 《劳动部关于贯彻执行〈中华人民共和国劳动法〉若干问题的意见》第六十二条。

③ 《关于企业实行不定时工作制和综合计算工时工作制的审批办法》第四条。

工作时间，但其平均日工作时间和平均周工作时间应与法定标准工作时间基本相同。（一）交通、铁路、邮电、水运、航空、渔业等行业中因工作性质特殊，需连续作业的职工；（二）地质及资源勘探、建筑、制盐、制糖、旅游等受季节和自然条件限制的行业的部分职工；（三）其他适合实行综合计算工时工作制的职工[①]。

问答 507 新员工入职后的年休假，是否可以按当年其在本公司工作的时间确定？例如，员工工龄五年，10 月底入职本公司，到 12 月底入职满两个月，当年可享受的年假天数为 5÷365×60，约等于 1 天，那么该员工在本公司当年可休年休假天数为 1 天。请问这样是否合法？

新入职的劳动者根据其连续工龄以及在本单位本年度剩余日历天数计算年休假，根据您的举例，计算公式为：（60÷365）×5，结果不足 1 整天的不享受年休假[②]。

问答 508 公司有年休假政策，但员工自己没有休，到年底公司不需要补偿吧？

年休假应当由用人单位在听取劳动者意见的情况下安排劳动者调休，劳动者因个人原因书面申请不休的，公司不需要支付未休年休假工资[③]，除此之外，劳动者未休年休假的，用人单位均应支付未休年休假工资。

问答 509 北京的婚假是除了 3 天法定婚假以外，还可以另外享受 7 天婚假吗？

《北京市人口与计划生育条例》第十六条规定，依法办理结婚登记的夫妻，除享受国家规定的婚假外，增加假期七天。

问答 510 公司制度中规定婚假只有司龄一年以上的正式员工才可以享受，合法吗？

休息休假权是劳动者的基本权利，劳动关系存续期间，劳动者结婚的，应当享有婚假，用人单位对婚假作出限制规定没有法律依据。

[①] 《关于企业实行不定时工作制和综合计算工时工作制的审批办法》第五条。
[②] 《企业职工带薪年休假实施办法》第五条。
[③] 《企业职工带薪年休假实施办法》第十条。

问答 511 我公司规定年假起步是 6 天，入职每满一年年假多一天，高于国家法定标准，但同时也在《员工手册》中规定年假过期不补，现在有员工提起仲裁主张未休年休假工资，但其实际休假天数已满足国家标准，只是不满足公司标准，这种情况需要支付三倍补偿吗？

用人单位应证明劳动者已休的假期为法定年休假而不是公司的福利年休假，否则有支付劳动者未休年休假工资的风险。

问答 512 公司与劳动者约定的年休假为 14 天，后公司与某员工闹矛盾，决定只给某员工 5 天年休假，其他年休假都不批准，可以吗？

用人单位应依据与劳动者的约定或规章制度中规定的合法有效的年假天数执行，既然用人单位和劳动者约定的年休假是 14 天，就应该按照 14 天执行。

问答 513 公司实行白班 12 小时，夜班 12 小时，然后休息两个整天，这么循环上班，但是没有申报过综合计算工时工作制，劳动者要求公司支付加班费会得到支持吗？

如果没有申报过综合计算工时工作制，那么劳动者的工作时间应该按照标准工时来计算，即每天工作不超过 8 小时，每周工作不超过 40 小时，超过该标准的应当视为加班。

问答 514 关于年休假工龄计算，外地的工龄和北京的工龄合并计算吗？

机关、团体、企业、事业单位、民办非企业单位，有雇工的个体工商户等单位的职工连续工作 1 年以上的，享受带薪年休假。单位应当保证职工享受年休假。职工在年休假期间享受与正常工作期间相同的工资收入①。工作年限并没有本地与外地之分。

问答 515 公司现在要强制大小休，就是一周单休，一周双休，工作时间还是早上 9 点到下午 6 点，请问合法吗？

---

① 《职工带薪年休假条例》第二条。

用人单位由于生产经营需要，经与工会和劳动者协商后可以延长工作时间[1]；用人单位安排劳动者休息日工作的，如不能安排调休，应依法支付加班工资。

问答 516　工厂的不定时工作制需要备案吗，不备案有什么后果？

用人单位实行不定时工作制需要审批，而不是备案，未经审批的，按照标准工时制计算劳动者工作时间。

问答 517　因为私事需要请事假，从周四到下周二不能到单位工作，我在请假条上写请假时间要分段写吗？从周四到周五两天，从下周一到周二两天，对吗？事假天数是写四天，不是六天吧？

事假天数应为工作日，不含休息日。

问答 518　婚假十天，周六、周日和法定节假日算吗？

对于婚假是否包括法定节假日，法律法规没有明确规定，实践中，婚假通常是指工作日[2]。

问答 519　北京地区的婚假就是 10 天吗？如果员工没到晚婚年龄是 3 天还是 10 天婚假呢？

北京地区婚假 10 天，不区分是否晚婚[3]。

问答 520　如果是综合计算工时工作制员工，法定节假日正好轮到上班，那天的工资应该支付多少？是 300%，还是在原来的工资之外再支付 300% 的加班费呢？

综合计算工时工作制劳动者在法定节假日上班的，支付不低于本人工资百分之三百的工资报酬。

---

① 《劳动法》第四十一条。
② 《北京市各级国家行政机关工作人员请假暂行办法》第三条。
③ 《北京市人口与计划生育条例》第十六条。

问答 521 员工入职满一年之后，计算年休假的公式是什么？

职工新进用人单位且符合规定的，当年度年休假天数，按照在本单位剩余日历天数折算确定，折算后不足 1 整天的部分不享受年休假。前款规定的折算方法为：（当年度在本单位剩余日历天数 ÷365 天）× 职工本人全年应当享受的年休假天数[①]。

问答 522 公司要求所有员工年休假和春节一起休，这个会有法律风险吗？

在实操过程中需要注意的是区别春节期间休的年休假是上年度未休完结转过来的年休假还是当年度的年休假；如果是当年度的年休假，劳动者年度内离职，多休的年休假是不能退回的；此外还要注意，放假通知（含年休假）要有效送达给劳动者，并要求劳动者书面申请年休假。

问答 523 累计工作满一年就可以享受 5 天年休假，如果在目前工作单位工作不满一年呢？如果累计工作满一年，在现单位工作不满一年，是否也得按照 5 天来休？

职工累计工作已满 1 年不满 10 年的，法定带薪年休假 5 天[②]。这里指的是累计工作年限，不是在本单位的工作年限。职工新进用人单位且符合《企业职工带薪年休假实施办法》第三条规定的，当年度年休假天数，按照在本单位剩余日历天数折算确定，折算后不足 1 整天的部分不享受年休假。当年度年假天数 =（当年度在本单位剩余日历天数 ÷365 天）× 职工本人全年应当享受的年休假天数[③]。

问答 524 如果是年中入职的，次年的年假是不是休息不了 5 天？当年剩余天数 /365×5，是这样算的吗？

职工新进用人单位而且符合休年休假条件[④]的，当年度年休假的天数，按照在本单位剩余日历天数折算确定，折算后不足 1 整天的部分不享受年休假。折算的办法是：（当

---

① 《企业职工带薪年休假实施办法》第五条。
② 《职工带薪年休假条例》第三条。
③ 《企业职工带薪年休假实施办法》第五条。
④ 《职工带薪年休假条例》第二条。

年度在本单位剩余日历天数 ÷365 天）× 职工本人全年应当享受的年休假天数[①]。

问答 525　如果是 2022 年 4 月入职的，到 2023 年 4 月才有年假，那这个当年度是指 2022 年还是 2023 年呢？

劳动者 2022 年 4 月入职，并不是要到 2023 年 4 月才有年假。劳动者连续工作满一年以后就享有年假[②]，不是到你们单位连续工作满一年。当年度中的"年度"是指公历年度[③]。

问答 526　退休返聘的人员必须有年假吗？还是根据公司自己的制度执行？

退休返聘的人员与用人单位建立的是劳务关系，不受劳动法和公务员法调整[④]，是否享有年假依据双方返聘协议的约定执行。

问答 527　北京市独生子女护理假是强制性的假期吗？这个休假的条件是什么？

独生子女父母需要护理的，独生子女每年获得累计不超过十个工作日的护理假[⑤]。"需要护理"怎么认定？需要单位通过修改完善本单位休假管理制度来落实。比如，需要医疗机构出具的诊断证明、住院证明、相关部门的失能评估结果等。

问答 528　劳动合同写每周工作 44 小时，每周最少休息一天，可以吗？

实行标准工时制的劳动者每日工作不超过 8 小时，每周工作不超过 40 小时，每周至少休息 1 天，工作时间超时的，就要按照劳动法的规定支付加班费。

问答 529　公司实行倒班制度（安排夜班）是否需要劳动部门审批或备案或经劳动者同意等流程？

企业在保证劳动者每天工作不超过 8 小时、每周工作不超过 40 小时、每周至少休

---

① 《企业职工带薪年休假实施办法》第五条。
② 《职工带薪年休假条例》第二条。
③ 《企业职工带薪年休假实施办法》第十八条。
④ 《职工带薪年休假条例》第一条。
⑤ 《北京市人口与计划生育条例》第二十五条第二款。

息1天，即在符合标准工时制规定的前提下，可以依法与劳动者协商确定具体工作时间和休息休假安排。当然，结合企业具体情况，符合实行不定时工作制和综合计算工时工作制条件的，可以考虑办理实行不定时工作制和综合计算工时工作制的审批，经批准后实施特殊工时制。

第七章

病假及医疗期管理问答

问答 530 劳动合同到期而医疗期未满的，劳动合同自动延续到医疗期结束，自动延续就不用再跟本人签订劳动合同了吧？

根据《劳动合同法》第四十五条的规定，劳动者患病或者非因工负伤，在规定的医疗期内，劳动合同期满，劳动合同应当续延至相应的情形消失时终止，该种情形属于法定续延，无须再签订劳动合同。

问答 531 员工拿着处方单或缴费单可以请半天病假吗？

劳动者请休病假应依照用人单位合法有效的规章制度办理，同时兼顾合理性。

问答 532 什么情况下员工需要与企业签订病休协议？

法律未规定用人单位在何种情况下需要与员工签订病休协议，因此协议的签订要出于双方自愿，且不能违反法律的强制性规定。另外，病休协议本身是否合法有效也是个问题，在实践中存在争议。

问答 533 《违反和解除劳动合同的经济补偿办法》（劳部发〔1994〕481号）第六条，关于患重病或绝症增加医疗补助费的规定是继续生效，还是已经作废了？

关于医疗补助费不仅在481号文中有规定，在《劳动部关于贯彻执行〈中华人民共和国劳动法〉若干问题的意见》（劳部发〔1995〕309号）、《关于实行劳动合同制度若干问题的通知》（劳部发〔1996〕354号）中也有类似规定，即劳动者在劳动合同期限内患病、非因工负伤医疗期满后，仍不能从事原工作也不能从事由单位另行安排的工作的，或者劳动合同终止时，医疗期满、医疗终结，由劳动能力鉴定委员会参照工伤与职业病致残程度鉴定标准进行劳动能力鉴定。被鉴定为一级至四级的，办理因病、非因工负伤退休退职手续，享受相应的退休退职待遇；被鉴定为五级至十级的，解除或者终止劳动合同的，按规定支付经济补偿金并应当支付不低于六个月工资的医疗补助费。因此，劳动者患病、非因工负伤在解除或终止劳动合同时，主张医疗补助费的，仍应按照上述相关规范性文件的规定予以执行，但由于目前缺乏患重病和绝症的规范性依据，劳动者主张增加医疗补助费的，依照谁主张谁举证的原则，由主张者就患重病或者绝症提供证据，并参照481号文的规定执行。

问答 534 | 有一名员工说他早上被电动车蹭了，我陪他去医院，未发现任何外伤，拍片的结果也没有异常，可是他说腿疼，医生建议他休息三天，现在他在休假。我担心他会找熟悉的医院继续休假，这个人本就在我们辞退的名单里。该怎么处理？

劳动者如果能够履行正常的请假手续，用人单位应当批准，除非存在虚假欺诈行为。

问答 535 | 有个员工于 2020 年 10 月查出患有肿瘤，手术后请病假休息至今，其间公司给其发放了病假工资并缴纳了社保、公积金，个人应缴部分由公司代为垫付。在此期间，员工劳动合同于 2021 年 10 月到期，因无法到公司上班没有续签，至 2021 年年底员工告诉公司因身体原因还是无法上班，公司口头通知员工要进行解聘处理，员工向公司索要离职经济补偿，以上均无书面及邮件沟通往来。请问：公司是否需要承担 2021 年 10 月至今未续签劳动合同的赔偿？解聘是否需要支付离职补偿金？公司是否可以要求员工向公司支付其在病假期间的社保、公积金个人应缴的费用？

劳动者患病在规定的医疗期内的，劳动合同自动延续，不需要另行签订劳动合同；解聘或者终止劳动关系应当依照医疗期相关规定，需要支付经济补偿[1]；病假期间的社保及公积金个人缴纳部分应由劳动者个人负担，但劳动者病假期间的实发工资不得低于

---

① 《劳动合同法》第四十条。

当地最低工资的 80%（北京）。

问答 536 20 个新进员工，试用期从 12 月 1 日开始，都按最低保障工资发工资，若其中有人从试用期第 2 个月开始请病假 4 个月，此员工工资如何发？

病假员工的工资按照用人单位规定或者和劳动者约定的病假工资标准发放，如果既无约定，也无规定，病假工资应当不低于当地最低工资的 80%。

问答 537 有同事聚餐时不小心将腿摔伤了，该同事的腿伤治疗周期可能比较长，根据他的个人工作年限计算应该有 3 个月的医疗期，这种情况下需要他本人写一个情况说明或者是休病假的申请吗？

劳动者休病假按照用人单位病假管理制度办理即可。

问答 538 员工劳动合同于 3 月 10 日到期，员工自 3 月 6 日开始一直请病假，劳动合同是不是需要延长到病假结束？

劳动合同期满，劳动者在规定的医疗期内的，劳动合同应当延续至相应的情形消失时终止[①]。

问答 539 员工的医疗期满，但是他还是说不能上班需要继续住院怎么办？

医疗期满，劳动者不能从事原工作也不能从事由用人单位另行安排的工作的，用人单位可以解除劳动合同[②]。

问答 540 员工发烧请病假 2 天，有医院开具的资料证明，用人单位认为只有符合医疗期的员工才有病假工资，这些两三天的只能算病假，没工资，这种理解对吗？

用人单位混淆了医疗期和病假的基本概念。劳动者按照用人单位的规定请休病假的，用人单位应当支付病假工资，与是否计算医疗期无关。用人单位支付病假工资不得

---

① 《劳动合同法》第四十五条。
② 《劳动合同法》第四十条。

低于本市最低工资标准的 80%。

问答 541 | 我们单位有个司机开了抑郁症假条，休了一个月病假了，怎么办？

劳动者请休病假，按照用人单位合法有效的病假管理规定办理。

问答 542 | 病休期间算不算企业工龄？

《中华人民共和国劳动保险条例实施细则修正草案》第三十九条规定，疾病或者非因工负伤停止工作医疗期间，在 6 个月以内者，连续计算为本企业工龄；超过 6 个月病愈后，仍回原企业工作者，除超过 6 个月的期间不算工龄外，其前后工龄应合并计算。这个规定比较早，是 1953 年的规定，现在都说在本企业工作年限，与计算经济补偿有关，病假期间一般都计入在本企业工作年限。

问答 543 | 员工跟上海总部签的劳动合同，但是工作地点为北京，那么医疗期和病假工资是按上海政策还是按北京政策？

应按照劳动合同履行地的规定执行。

问答 544 | 公司有个员工患有传染病，现在他不想上班，我们也不想让他上班，有什么解决方法吗？

双方可以协商变更劳动合同的内容，重新约定双方的权利义务，当然也可以协商解除劳动合同[①]。

问答 545 | 员工生病，在进行非住院治疗，是否可以不算医疗期并进行解聘？如果员工请假回家治疗，在医疗期间，是否可以只发部分工资？

医疗期从劳动者病假第一天开始起算，不是从住院第一天开始起算。劳动者病假期间工资，应依据与劳动者的约定或本企业合法有效的规章制度的规定发放。

问答 546 | 病假工资中工资基数包含哪些？是奖金、加班费、各项补贴等都要算，还

---

① 《劳动合同法》第三十六条。

是只按基本工资来算?

病假工资按照双方的约定或者用人单位合法有效的制度规定执行,但不能低于最低工资标准的 80%[①]。

| 问答 547 | **医疗期可以多次享受吗?** |

医疗期不属于福利待遇的范畴,属于法定权利的范畴,不存在多次享受的问题,医疗期可以多次计算。

| 问答 548 | **请问医疗期满怎么处理?** |

医疗期满,劳动者不能从事原工作,也不能从事用人单位另行安排的工作的,用人单位可以解除劳动合同[②],但需要支付经济补偿和代通知金(未提前一个月通知的)。

| 问答 549 | **对长期请病假的员工按最低工资的 80% 开工资的话,个人承担的社保和公积金费用怎么操作?是公司承担还是在员工最低工资里扣除?** |

请病假员工的工资发放标准应依据用人单位合法有效的病假工资发放制度执行。如果用人单位规定病假工资为最低工资的 80%,该数额应是劳动者的实得工资。

| 问答 550 | **有碰到过"泡病假"的员工吗?医院开病假的权限最多是多少天?我们这儿有一名员工,病假一开就是一个月,怎么查真伪?** |

医院开具病假条的时间长短应根据劳动者的病情决定。用人单位对劳动者提供的病假条有异议,可以到医院核实真假。

| 问答 551 | **签订无固定期限劳动合同的员工,长期病假医疗期满后不能上岗,如果单位提前一个月通知与其解除合同是要支付一个月工资吗?如果不解除合同,他还不能上班,病假工资怎么算?** |

劳动者医疗期满,不建议用人单位直接依据《劳动合同法》第四十条的规定解除劳

---

① 《劳动部关于贯彻执行〈中华人民共和国劳动法〉若干问题的意见》第五十九条。
② 《劳动合同法》第四十条。

动合同，建议根据劳动者病情进行劳动能力鉴定并依据鉴定结论作出相应处理。劳动者请休病假的，病假工资应根据双方的约定或者用人单位规章制度规定的病假工资标准计算。

问答 552 员工一直请病假，有医院开的证明，公司可以要求员工到指定医院检查，或者公司派人陪同员工去检查吗？

用人单位对病假有疑问的，可以直接到医院核实，要求员工到指定医院检查没有法律依据。

问答 553 员工在本企业工作 9 年，于 2022 年 3 月 26 日开始享受医疗期，正常到 2022 年 12 月 25 日医疗期结束，但在 2022 年 12 月 17 日，员工在本企业入职已满 10 年，请问 9 个月医疗期是否全部计入企业工龄？

劳动关系存续期间均应当为劳动者计算工龄，9 个月的医疗期应当全部计算为企业工龄。

问答 554 职工医疗期满后要重新上岗，公司为其安排新岗位，与劳动合同不一致，需要与其协商一致吗？

劳动者医疗期满后重新上岗，上的是原岗位[1]；如果用人单位给劳动者调岗，需经劳动者同意[2]。

问答 555 公司一员工患癌症，公司给了 24 个月医疗期，即将期满，期满后员工不会返岗上班，公司也不想再继续与其维持劳动关系，请问公司怎么操作才会做到合法解除呢？

企业职工非因工致残和经医生或医疗机构认定患有难以治疗的疾病，在医疗期内终结，不能从事原工作，也不能从事用人单位另行安排的工作的，应当由劳动鉴定委员会

---

[1] 《劳动合同法》第四十条。
[2] 《劳动合同法》第三十五条。

参照工伤与职业病致残程度鉴定标准进行劳动能力的鉴定。被鉴定为 1—4 级的，应当退出劳动岗位，终止劳动关系，办理退休、退职手续，享受退休、退职待遇；被鉴定为 5—10 级的，医疗期内不得解除劳动合同[①]。

问答 556 公司一个员工休病假，但是一直没有病假条及医院缴费单，也没来上班，我们告知他按公司规定对其做旷工处理之后，他提供了当天开的诊断证明，但还是无法提供之前没来上班的依据，这样我们可以按公司规定解除劳动合同吗？

可以让劳动者按照公司规定出具病休证明，如无法提供病休证明或者其他可以证明病休材料的，用人单位可按公司规章制度处理。

问答 557 医疗期内公司提出解除劳动关系，赔偿标准如何计算？

《劳动合同法》第四十二条第三项规定，劳动者患病或者非因工负伤，在规定的医疗期内的，用人单位不得依照本法第四十条、第四十一条的规定解除劳动合同。所以，用人单位非因法定事由，不能对医疗期内的劳动者单方解除劳动合同。

问答 558 2019 年 8 月发现患乳腺癌，化疗放疗后，2020 年年初正式回单位上班至今，现在单位裁员，如果被裁的话法律允许吗？

用人单位可以依据《劳动合同法》第四十一条的规定进行经济性裁员。劳动者患病或非因工负伤在规定的医疗期内的，用人单位不得进行裁员，该劳动者已经回单位上班至今，不适用医疗期的有关规定。

问答 559 公司一名员工发微信告知我他生病了，医生说需要卧床休息，这个月不能上班。我跟员工上级沟通，上级表示出于业务保密，需要到 4 月再对该员工进行相关处理。该员工这个月的病假工资我该如何计算？按照《员工手册》是发放 50%。下个月辞退他的话，我能否按照正常赔偿标准处理，还

[①] 《企业职工患病或非因工负伤医疗期规定》第六条。

是需要等医疗期满后再予以辞退？

病假工资按照公司合法有效的规章制度规定发放。劳动者患病，用人单位应当按照医疗期的有关规定处理劳动关系。

问答 560 员工在下班途中因闯红灯受伤，现智力受损，生活不能自理，在事故中负主要责任。医疗期满后公司可以解除合同吗？需要支付多少费用？

劳动者患病或者非因工负伤，医疗期满不能从事原工作，也不能从事用人单位另行安排工作的，用人单位可以解除劳动合同[1]。企业职工非因工致残和经医生或医疗机构认定患有难以治疗的疾病，在医疗期内医疗终结，不能从事原工作，也不能从事用人单位另行安排的工作的，应当由劳动鉴定委员会参照工伤与职业致残程度鉴定标准进行劳动能力的鉴定。被鉴定为一级至四级的，应当退出劳动岗位，终止劳动关系，办理退休、退职手续，享受退休、退职待遇；被鉴定为五级至十级的，医疗期内不得解除劳动合同[2]。

问答 561 公司员工在体检中查出肺癌晚期，其合同正好到期了，单位可以单方解除合同按标准给予赔偿金来规避风险吗？

在医疗期内的，用人单位不能与劳动者解除或者终止劳动合同[3]。

问答 562 员工患癌症，在医疗期内，但该员工在一个病假阶段后没有再接着办理病假手续，员工自称不知道请假手续怎么办，但他已经学习过员工守则关于病假、事假的规定并且已签字，如果按照旷工处理来解除劳动关系，是否有风险？

劳动者患癌症的，享有 24 个月的医疗期[4]，医疗期内解除劳动合同，存在法律风险。

---

[1] 《劳动合同法》第四十条。
[2] 《企业职工患病或非因工负伤医疗期规定》第六条。
[3] 《劳动合同法》第四十二条。
[4] 《劳动部关于贯彻〈企业职工患病或非因工负伤医疗期规定〉的通知》第二条。

问答 563 病假期工资到底怎么规定的？在网上查到很多人说跟工作年限有关，也有说按本人工资的 70%—100% 发放，还有不低于北京市最低工资的 80% 的规定。到底哪个是对的？

按照用人单位合法有效的规章制度支付病假工资，但不得低于当地最低工资的 80%①。

问答 564 员工春节前请病假一直到春节后，春节期间的工资算病假工资还是按正常工资结算呢？

按病假工资计算。

问答 565 病假工资不能低于最低工资的 80%，是应发还是实发？个人应承担的社保和公积金还是个人承担吗？

最低工资就是劳动者能够拿到的最低工资保障，是实得工资②，病假工资亦是。

问答 566 员工请病假一整月，其中包含中秋节一天法定节假日，中秋节这天是按病假工资支付，还是按全额工资支付？

用人单位应当依照自己合法有效的规章制度确定和发放病假工资，病假工资不得低于当地最低工资的 80%③；病假期间包括法定节假日并不影响病假工资的计算。

问答 567 员工医疗期遇到法定节假日，工资应如何发放？

按照用人单位合法有效的病假工资标准发放，病假期间包括法定节假日并不影响病假工资的计算。

问答 568 请病假在医疗期内的，是不是需要发放最低工资？公司规定的病假工资可以低于最低工资吗？

---

① 《劳动部关于贯彻执行〈中华人民共和国劳动法〉若干问题的意见》第五十九条。
② 《最低工资规定》第十二条。
③ 《劳动部关于贯彻执行〈中华人民共和国劳动法〉若干问题的意见》第五十九条。

劳动者病假期间应当发病假工资而不是最低工资，病假工资按照用人单位关于病假工资的规定执行。在北京地区，病假工资不得低于最低工资的 80%。

问答 569 单位有个员工患了癌症，入职不到半年，在本单位能享受的医疗期是 3 个月，其间都有给其支付工资。9 月医疗期满，公司还要继续支付工资吗，是否可以解除合同？

癌症属于特殊疾病，不受实际工作年限的限制，劳动者应当享受的医疗期为 24 个月[1]。医疗期满，不能从事原工作，也不能从事用人单位另行安排的工作的，用人单位可以解除劳动合同[2]。

问答 570 按规定医疗期从病休第一天累计计算，那何为病休，或者说多久算病休？平时请的病假和病休有啥区别？

病休是指因病离岗休息，一般是指劳动者的状态；病假是指因病休息治疗的天数，一般是指确切的天数；医疗期是指用人单位在劳动者患病时不能解除合同的解雇保护期间，一般是一段时间。

问答 571 医疗期要给多久？医疗期满后不能上班的，怎么处理？

企业职工因患病或非因工负伤，需要停止工作医疗时，根据本人实际参加工作年限和在本单位工作年限，给予三个月到二十四个月的医疗期：（一）实际工作年限十年以下的，在本单位工作年限五年以下的为三个月；五年以上的为六个月；（二）实际工作年限十年以上的，在本单位工作年限五年以下的为六个月；五年以上十年以下的为九个月；十年以上十五年以下的为十二个月；十五年以上二十年以下的为十八个月；二十年以上的为二十四个月[3]。医疗期的长短是国家规定的，不是用人单位决定的。医疗期满后，劳动者不能从事原工作也不能从事由用人单位另行安排的工作的，用人单位可以

① 《劳动部关于贯彻〈企业职工患病或非因工负伤医疗期规定〉的通知》第二条。
② 《劳动合同法》第四十条。
③ 《企业职工患病或非因工负伤医疗期规定》第三条。

解除劳动合同^①。

问答 572　有个员工在上班路上发生交通事故，但是他是主要责任方，也有受伤，休假期间按什么假计算？休多久？

劳动者上下班途中发生负主要责任的交通事故不构成工伤^②。劳动者休假时间的长短按照医嘱确定。

问答 573　员工休病假，可以一直休下去吗？什么情况下可以解除合同呢？

员工休病假，如果公司不采取措施，其可以一直休下去。劳动者如果有符合医疗期解除条件的情形^③，用人单位可以解除劳动合同。

问答 574　员工医疗期满继续提交病假单，公司未解除合同期间需要支付病假工资吗？

劳动者医疗期满，继续请休病假的，应按照用人单位制度规定或者和劳动者的约定支付病假工资。

问答 575　劳动合同到期后，员工仍在医疗期内，合同期限自动顺延，那公司还需要发文书给员工表示合同期限顺延到医疗期结束吗？公司不发顺延通知书，会被认定为未签订劳动合同吗？

劳动者尚在医疗期内的，劳动合同应当续延至相应的情形消失时终止^④，该种顺延属于法定顺延，用人单位无须签订顺延合同。

问答 576　员工 2015 年入职，2020 年患乳腺癌，现在一直休病假，与公司签署的是无固定期限劳动合同，目前公司没有岗位可以安置，公司要解除劳动关系的话应如何赔偿？需要支付 6 个月医疗补助金吗？

劳动者处于医疗期内的，用人单位不得解除劳动合同；医疗期满，劳动者不能从事

---

① 《劳动合同法》第四十条。
② 《工伤保险条例》第十四条。
③ 《劳动合同法》第三十九条。
④ 《劳动合同法》第四十五条。

原工作，也不能从事用人单位另行安排的工作的，可以解除劳动合同[①]；医疗期满解除劳动合同需要支付 6 个月、9 个月、12 个月不等的医疗补助费。

| 问答 577 | 员工患宫颈炎，从 5 月开始断断续续休假，上几天休几天，有医院的病假条（假条每次开的都是 2 周，但她中间也来上班），这样能判定为医疗期吗？

医疗期是指企业职工因患病或非因工负伤停止工作治病休息不得解除劳动合同的时限[②]，医疗期不需要判定，从劳动者第一天休病假开始计算。

| 问答 578 | 我们公司有个员工，上个月查出乳腺癌晚期，现在在休病假，根据她的工龄，如果 3 个月医疗期满我们可以解除劳动关系吗？

劳动者患某些特殊疾病（癌症、瘫痪、精神病）的，一般适用 24 个月的医疗期[③]。不过也有地区的做法不同。

| 问答 579 | 员工休病假，有三甲医院的医生开具的病假单，公司是否就一定要批病假？

员工递交合规的病假条，用人单位不批准的，应当有合法有效的理由。

| 问答 580 | 病假工资的连续工龄是指在本企业的，还是之前企业也算？

在上海，病假工资与连续工龄相关，职工疾病或非因工负伤连续休假在 6 个月以内的，企业应按下列标准支付疾病休假工资：连续工龄不满 2 年的，按本人工资的 60% 计发；连续工龄满 2 年不满 4 年的，按本人工资 70% 计发；连续工龄满 4 年不满 6 年的，按本人工资的 80% 计发；连续工龄满 6 年不满 8 年的，按本人工资的 90% 计发；连续工龄满 8 年及以上的，按本人工资的 100% 计发。在北京，病假工资由用人单位自行规定或者和劳动者协商约定，只要不低于最低工资的 80% 即可。

---

① 《劳动合同法》第四十条。
② 《企业职工患病或非因工负伤医疗期规定》第二条。
③ 《劳动部关于贯彻〈企业职工患病或非因工负伤医疗期规定〉的通知》第二条。

问答 581 员工在公司工作超过 6 年不足 8 年。他请一个月病假，可以按医疗期处理吗？另外，公司的《员工手册》写明，病假超过一个月，工资按 20% 发放（高于最低工资的 80%）。这样操作是否合规？

医疗期是指企业职工因患病或非因工负伤停止工作治病休息不得解除劳动合同的时限，对患病劳动者必须按医疗期的有关规定办理，劳动者病休的第一天，医疗期开始起算，医疗期的起算不以人的主观意志为前提；用人单位依据合法有效的制度或者约定支付病假工资，不违反法律强制性规定即可。

问答 582 员工请长期病假，公司能否把她的岗位安排给其他员工替代，等她休完病假回来后给她调岗，这样操作违法吗？

员工请长期病假，公司可以把她的岗位安排给其他员工替代；劳动者痊愈返岗的，应当按照劳动合同约定的工作内容安排劳动者岗位，但是不能仅仅因为有人替代她的岗位而对她进行调岗，该情形不是调岗的法定情形，用人单位应当按照劳动合同的约定或者法律的规定安排劳动者的岗位。

问答 583 员工因颈椎病请病假三个月，在一个骨科医院开了一个手写的病情诊断，公司可以要求她去指定医院检查并开具证明吗？

劳动者请休病假，用人单位应当依据相关制度进行管理。如果用人单位对劳动者提供的病休证明有异议，可以到相关医院核实，用人单位要求她去指定医院检查没有法律依据。

问答 584 员工患有冠心病、高脂血症，现在不能上班，一直在休病假，但是员工自己不提离职，等着公司主动跟他解除劳动合同，这种情况公司应该怎么处理呢？

劳动者请休病假应当按照用人单位相关规定履行病假手续。对于患病的员工，用人单位可以按照医疗期[1] 相关规定依法与其解除劳动合同[2]。

---

① 《企业职工患病或非因工负伤医疗期规定》第三条。
② 《劳动合同法》第四十条。

问答 585 员工医疗期满后继续递交病假单，病假单上医生建议"病休 15 天，具体休假时间由用人单位自行安排"，公司能否先批准员工一半的病假，然后要求员工上班，剩下的病假天数再视情况另行安排？

这种情况比较特殊，也就是说医生虽然建议了病假天数，却貌似把如何安排休假的权利给了单位，实际上用人单位在休病假上并无多少自主权，用人单位可以按照医生建议的休假天数一次性安排劳动者休完病假，也可以根据劳动者的病情缩短或者延长劳动者的病假天数。

问答 586 医疗期 3 个月的按 6 个月内累计病休时间计算，这个怎么理解？ 6 个月内累计休病假 3 个月，还能继续休医疗期吗？

医疗期是指企业职工因患病或非因工负伤停止工作治病休息不得解除劳动合同的时限，所以没有"休医疗期"一说，休的是病假。医疗期计算应从病休第一天开始，累计计算。比如，享受 3 个月医疗期的职工，如果从 2023 年 3 月 5 日起第一次病休，那么该职工的医疗期应在 3 月 5 日至 9 月 4 日，在此期间累计病休 3 个月即视为医疗期满。

问答 587 公司有个员工，1990 年出生，入职半年后发现患胃癌晚期，目前已经过了 3 个月医疗期，如果公司想尽一下人道主义，适当延长医疗期，继续为其缴纳社保，应注意哪些问题以规避风险呢？如果想要解除合同，除了支付补偿金和代通知金，还涉及什么费用吗？

癌症属于特殊疾病，医疗期最短为 24 个月[1]。医疗期满，劳动者不能从事原工作也不能从事用人单位另行安排的工作的，建议对劳动者进行劳动能力鉴定，依据鉴定结果处理，被鉴定为一级至四级的，终止劳动关系，办理退休、退职手续，享受退休、退职待遇；被鉴定为五级至十级的，医疗期内不得解除劳动合同[2]。

问答 588 员工休息时间发生交通事故受伤，应该算病假吗？还是应该停发全部

---

[1] 《劳动部关于贯彻〈企业职工患病或非因工负伤医疗期规定〉的通知》第二条。
[2] 《企业职工患病或非因工负伤医疗期规定》第六条。

工资？

劳动者非因工负伤，请休病假，按照用人单位合法有效的病假规定执行，并按规定发放相应病假工资[①]。

问答 589 | 长期病假最多可以请多久？请 1 个月病假能否发北京市最低工资呢？如果请 3 个月病假怎么发工资呢？请半年病假公司是否能够解除劳动合同呢？

劳动者请休病假，用人单位应当根据劳动者提交的医院出具的病休证明予以准许。病假期间，用人单位按照相关制度的规定支付病假工资。劳动者患病，用人单位可以依照医疗期的相关规定与劳动者解除劳动合同。

问答 590 | 一员工入职两年，最近因病总请假，请问：员工医疗期 3 个月是按照连续病假天数计算，还是累计计算？如果员工医疗期满仍不来上班，公司还需要给他发工资吗？

3 个月的医疗期按 6 个月内累计病休时间计算，即 6 个月内累计病假休满 3 个月为医疗期满[②]。医疗期满，劳动者不能从事原工作也不能从事用人单位另行安排的工作的，用人单位可以解除劳动合同[③]。医疗期满，并不意味着劳动关系自动或者必然终结，此时的劳动合同尚未解除，双方还存在劳动关系，劳动者如果继续请病假，病假期间用人单位需要支付病假工资。

问答 591 | 九个月的医疗期，按十五个月内累计病休时间计算，这十五个月怎么理解？

就是在十五个月的时间里，劳动者病假休够九个月的意思，因为劳动者休病假有可能不是连续的。在十五个月的时间里，累计病休满九个月，劳动者九个月的医疗期就算满了。

---

① 《企业职工患病或非因工负伤医疗期规定》第五条。
② 《企业职工患病或非因工负伤医疗期规定》第四条。
③ 《劳动合同法》第四十条。

第八章

劳动合同解除和终止问答

问答 592 单位要求倒签合同，劳动者拒绝，单位随即发出解除通知，这样算违法解除吗？

用人单位以劳动者拒绝倒签劳动合同为由解除劳动关系，缺乏法律依据，属于违法解除。

问答 593 劳动者是单位人力资源部负责人，两年期劳动合同到期后，公司负责人没有表态是否继续聘用，该劳动者自行签了第二份两年期劳动合同并已经工作了 3 个月，公司负责人现以第一份合同到期为由要求其离职。这种做法有依据吗？

双方已经形成事实劳动关系，此时用人单位要求劳动者离职属于单方解除劳动合同，要有合法的理由和依据，第一份劳动合同到期不是解除第二份劳动合同的理由。

问答 594 一同事入司 4 个月，已经过了试用期，现公司要取消这个岗位编制，应该怎么赔偿？

岗位取消不一定是解除劳动合同的法定情形，可能涉及违法解除，赔多少要看劳动者的诉求，劳动者既可以要求继续履行劳动合同，也可以要求用人单位支付违法解除劳动合同的赔偿金。

问答 595 公司一位负责招聘的 HR，工作不得力，招人总是招不上来，公司想以不胜任工作为由解除劳动合同，如果以用人部门经理的反馈以及一些职位的平均招聘时间为依据的话，是不是不充分？以这种理由解除合同被判定为违法解除，公司要付双倍赔偿金的可能性大吗？

劳动者不胜任工作要有客观的标准和事实依据，即使劳动者不胜任工作，用人单位也不得立即解除劳动合同，需要调岗或者培训[①]。招聘快、慢是副词，不胜任需要用量词。

| 问答 596 | 如果待录用员工在入职前签订了录用条件确认函，但员工隐瞒了其不符合录用条件的事实，公司在员工入职之后发现该情况，是否可以认定员工有隐瞒欺诈行为，依据公司制度解除合同？另外，录用条件可以约定具体任务指标吗？

不清楚录用条件确认函的具体内容，无法准确判断。劳动者是否已经过了试用期？如果过了试用期，就不能以不符合录用条件为由解除劳动合同；如果没过试用期，录用条件又符合法律规定，用人单位就可以以劳动者不符合录用条件为由解除劳动合同。录用条件属于劳动关系双方可以另行约定的条款，只要不违反法律强制性规定就有效。

| 问答 597 | 一个"老油条型"员工，工作一直不积极，态度也不好，部门不想再聘用他了，如何在不支付经济补偿金的情况下让其离职？

用人单位解除劳动合同应当有事实依据和法律依据，否则可能构成违法解除。

| 问答 598 | 公司出纳因为个人情绪不给部分员工发工资，这是不是也算工作失职，可以因为这事开除她吗？

首先这不是工作失职，失职是过失行为而不是故意。是否可以开除的前提是公司的规章制度是否完备、合理，劳动者的行为是否确凿无疑、情节是否严重等。

| 问答 599 | 公司违法解除劳动合同会有什么后果？仲裁和诉讼期间的工资还要给员工发吗？

违法解除最严重的后果就是解除被撤销。解除一旦被撤销，仲裁和诉讼期间给劳动者造成的工资损失就要如数赔偿，这就不是 2N，而是 12 个月、18 个月、24 个月……

[①] 《劳动合同法》第四十条。

的工资了。为什么劳动者不提供劳动还要支付工资？这就是违法解除的代价。

问答 600 二次入职的员工，如果我们想辞退他，补偿金年限的计算是以第一次入职的时间来计算，还是以最后一次入职的时间来计算呢？跟他从我司离职时间有没有超过半年有关系吗？

如果劳动者一直在贵单位工作，属于连续签订两次劳动合同的情形的，补偿金计算年限应当以第一次入职的时间来计算；如果劳动者离职后重新入职，则应当中断计算，至于离职时间是否超过半年并无影响（北京地区规定）。

问答 601 什么情况下用人单位解除劳动合同不用支付经济补偿金？

以下情况解除劳动合同不用支付经济补偿：劳动者任意性解除[①]；劳动者存在过错被解除[②]；劳动者提出，双方协商一致解除劳动合同。

问答 602 员工总请假，公司能和他解除合同吗？（注：员工手册他没签字）

不能，《劳动合同法》中规定的解除情形里没有因员工请假而解除劳动合同的规定。

问答 603 员工提交了离职报告，本应在本月离职，但由于公司原因希望对方多工作一段时间，当时未明确约定具体时间，两个月后公司与员工协商离职问题，但该员工拒绝离职，请问这时员工提交的离职报告还有用吗？

劳动者提前三十日以书面形式通知用人单位可以解除劳动合同，离职报告提交三十日后双方劳动合同解除。超过三十日，劳动者继续工作的，视为建立新的劳动关系，用人单位应尽快与其签订劳动合同。

问答 604 公司一个员工去年 8 月入职，已签劳动合同，11 月初他操作机器弄伤了手，公司带他去医院就诊并报销了医药费（医药费 600 元），这个员工连请假单也没写就自己回家休息了。老板想让他过来上班，但员工说年前不回来

---

① 《劳动合同法》第三十七条。
② 《劳动合同法》第三十九条。

了，老板很生气，说只给他 1 个星期算病假，多余的天数按事假处理，并且要与他解除劳动关系。这个情况要赔违约金吗？

建议不要贸然解除劳动合同，可以与员工沟通，做好相关的证据收集，沟通无效后，可按公司合法有效的规章制度处理。

问答 605　员工病假期间，是否可以以严重违反企业规章制度为由与其解除劳动关系？该员工已经签署了 2 次书面警告，此次因盘点差异金额巨大，再次严重违纪。该员工为店长职务，目前拒不接受处理，以心绞痛为由休病假，有医院假条为证。

对于用人单位何时可以与劳动者解除劳动合同，劳动法并没有限制性规定，但是在劳动者出现严重违纪的情形时，用人单位应当及时行使劳动用工管理权。

问答 606　员工发邮件提出离职，领导同意，人事部回复邮件表明已经终止劳动关系并要求员工尽快来公司交接工作，同时发送纸质版交接通知，这样做对吗？现在员工请假推迟交接，并且要求把年休假全部休完，合理吗？员工认为应该完成交接后才算解除劳动关系，公司应该发工资到工作交接完成日，这一要求合理吗？

劳动者书面提出解除劳动合同三十日后，双方劳动合同关系解除，劳动合同关系解除，与是否交接无关。劳动者年休假用人单位根据实际情况安排，劳动者本年未休年休假工资应当按其工资的 300% 计发。工资应当依据劳动者是否提供劳动进行支付。

问答 607　如果公司开除员工时没给员工解除通知书，会有什么后果？

不给员工解除通知书，劳动者可以当作什么也没有发生，用人单位无法实现解除的目的。

问答 608　我司是一个全国范围连锁经营的公司，某在职员工原先负责的是潍坊、淄博、东营店，目前由于企业经营亏损，先后关闭了淄博和潍坊的店铺。该员工家在潍坊，目前工作地点更改为临沂和东营，员工要求协商解除劳动关系，公司主张调岗不调薪。劳动合同中关于工作地点的约定为：潍坊及甲方安排的其他地点，并约定在合同有效期内，有下列条件之一的，乙方同意甲方合理调整其工作岗位并随岗位调整薪酬待遇：（1）甲方根据生产经营管理需要进行组织架构调整导致乙方原工作岗位缩编或者撤销的……基于以上情形，公司要求继续履行劳动合同，调整员工工作岗位的要求是否能得到支持？

　　劳动合同订立时所依据的客观情况发生重大变化，用人单位可以与劳动者协商变更劳动合同，协商不成的，用人单位可以解除劳动合同，但需要支付经济补偿金[①]。

问答 609 如果让每个分公司都开个会议，内容是要求业绩不达标的员工自己申请离职，没有离职补偿，然后由每个人签字确认会议内容，并且每个月签订业绩任务承诺。这样如果有人没达到业绩的话，开除他时不给补偿，能说得过去吗？

　　业绩不达标在劳动法意义上被视为"不胜任工作"，劳动者不胜任工作需要用人单位提供充分证据证明，对于不胜任工作的劳动者，用人单位应当对其培训或调岗，劳动者仍然不胜任工作的，用人单位可以解除劳动合同，但需要支付经济补偿金[②]。

问答 610 如果公司在车里偷偷安装追踪器记录司机行踪，并以此为证据证明员工公车私用，与员工解除劳动关系，这种行为违法吗？

　　用人单位在单位的车上安装追踪器不能视为"偷偷"，将来发生劳动争议，可以将追踪劳动者工作时间的定位作为证据使用，但该证据的证明效力有待实践检验。

问答 611 下属分公司因业务调整需将员工从 A 地调到 B 地，都在本市，相距 10 公里，工作内容不变，待遇不变，员工的劳动合同是和我们总公司签的，合同只约定在某岗位工作，经协商该员工不同意换工作地点，解除劳动合同需要经济补偿吗？

---

① 《劳动合同法》第四十条。
② 《劳动合同法》第四十六条。

如果劳动合同未约定工作地点，因劳动合同实际履行地为 A 地，用人单位让劳动者到 B 地工作属于变更劳动合同内容，需协商一致[①]；协商不一致，如果用人单位以客观情况发生重大变化解除劳动合同的话需要支付经济补偿[②]。

问答 612 本单位人员当月退休，下个月以劳务关系返聘。在当月最后一天是否要签署一份劳动合同终止通知书（协议）？

劳动者开始依法享受基本养老保险待遇的，劳动合同终止[③]。因此，劳动者享受基本养老保险待遇，劳动合同终止系法定终止，用人单位为劳动者正常办理退休手续即可，无须另外签署一份劳动合同终止通知书（协议）。

问答 613 签订的劳动合同中有约定如果劳动者被查实应聘时向单位提供虚假简历，致使单位违背真实意思订立劳动合同的，可随时解除劳动合同且不支付经济补偿金。这样的约定有效吗？证明劳动者简历虚假需要什么证据？

劳动合同的内容只要不违反法律强制性规定且具有合理性即为有效。简历是否虚假由用人单位举证证明，如学校开具的证明学历虚假的证明。

问答 614 劳动合同到期终止，单位不再续签，需要提前 30 日通知吗？

各地标准不一，北京需要提前 30 天通知[④]。

问答 615 集团旗下一子公司解散，员工可以被安排至其他子公司，能直接调岗吗？必须先赔偿吗？

劳动者同意的话当然可以调岗，以双方协商确定的方式办理[⑤]；如果劳动者不同意，当然就不能调岗了，可以按照《劳动合同法》的规定终止劳动合同并支付经济补偿[⑥]。

---

① 《劳动合同法》第三十五条。
② 《劳动合同法》第四十条、第四十六条。
③ 《劳动合同法》第四十四条。
④ 《北京市劳动合同规定》第四十条。
⑤ 《劳动合同法》第三十五条。
⑥ 《劳动合同法》第四十四条、第四十六条。

问答 616　母公司某部门的人员全部调整至旗下子公司，子公司为独立法人，劳动合同如何处理？是维持还是变更，或是重新签订？

可以签订劳动合同变更协议或者解除原劳动合同并与新公司重新签订劳动合同①。

问答 617　签了无固定限期劳动合同的员工是否不可以辞退？

只要符合用人单位解除劳动合同情形的，用人单位可以解除劳动合同，和劳动合同期限的种类无关②。

问答 618　如果公司法人和 HR 被抓，调查后被释放，公司不想聘用他们了，人事部门要怎么处理这件事情？

既然释放了，对劳动合同履行不会有影响，《劳动合同法》并没有赋予用人单位不想用谁就不用谁的权利。

问答 619　公司已经和员工第二次签订劳动合同了，合同尚未到期，这时公司可以与员工解除劳动合同吗？

是否可以和劳动者解除劳动合同与签订劳动合同次数、劳动合同的期限无关，和是否符合劳动合同解除条件有关。

问答 620　在北京地区，员工达到法定退休年龄，是否需要办理劳动合同终止手续？

劳动者达到法定退休年龄的，劳动合同终止，劳动合同终止当然要办理终止的手续③。

问答 621　男士是 60 周岁退休，对吧？

根据《国务院关于工人退休、退职的暂行办法》第一条规定，全民所有制企业、事业单位和党政机关、群众团体的工人，符合下列条件之一的，应该退休：（一）男

---

① 《劳动合同法》第三十五条。
② 《劳动合同法》第三十六条、第三十九条、第四十条、第四十一条。
③ 《劳动合同法》第五十条。

年满 60 周岁，女年满 50 周岁，连续工龄满 10 年。（二）从事井下、高空、高温、特别繁重体力劳动或者其他有害身体健康的工作，男年满 55 周岁、女年满 45 周岁，连续工龄满十年的。本项规定也适用于工作条件与工人相同的基层干部。（三）男年满50 周岁、女年满 45 周岁，连续工龄满 10 年，由医院证明，并经劳动鉴定委员会确认，完全丧失劳动能力的。（四）因工致残，由医院证明，并经劳动鉴定委员会确认，完全丧失劳动能力的。

<u>问答 622</u> 公司已经注册了新的公司营业执照，现想将全体员工的劳动关系转入新的公司，办公地址也发生了变化，但薪酬待遇不变。这种情况下如果员工不同意公司安排，HR 应该怎么办呢？

　　用人单位变更劳动合同约定应当与劳动者协商一致，劳动者不同意变更的，用人单位应当按照原合同约定继续履行，除非用人单位的变更具有合理性，如用人单位整体搬到 1 公里左右的另一座写字楼办公，这时劳动者就应当服从这种变更；但将劳动者由一个用人单位安排到另一个用人单位，应当征得劳动者的同意。

<u>问答 623</u> 甲公司老板调整经营思路，放弃超市模块，将超市卖场移交给乙商场经营。方案是员工愿意到乙商场工作的，没有赔偿金，签放弃赔偿金协议；不愿签协议的，四年内都不能到乙商场就业。我个人认为：此方案实际上是用人单位由甲公司变为乙商场，非劳动者原因解除劳动合同，应该支付补偿金；至于限制劳动者四年内不得到乙商场工作，因非竞业禁止情形，没有法律依据。这样理解正确吗？

　　如果只是经营权的转移，不影响劳动合同的履行[①]；如果属于客观情况发生重大变化，甲公司可以与劳动者协商变更劳动合同，无法达成一致的，可以解除劳动合同，支付经济补偿[②]。

---

① 《劳动合同法》第三十三条。
② 《劳动合同法》第四十条。

问答 624 有个员工推荐一位 40 多岁的女员工来上班，来的时候说以前的小单位无法出具离职证明，所以公司就给她办入职了。今天她过来辞职，说她在原单位并没有离职，社保也是原单位在缴纳……请问这种情况怎么处理才能将风险降至最低呢？

按照公司的离职流程，正常办理离职即可。

问答 625 公司想把一员工由制造部调入发展部，员工不同意。制造部打算不给员工安排生产任务，这样员工只能得到基本工资而无绩效工资。员工如果提出离职，能要求公司支付赔偿金吗？我个人看法是员工只能要求经济补偿金，赔偿金可能得不到支持，因为用人单位没有解除劳动合同。

用人单位不给劳动者安排生产性任务，劳动者能否被迫离职并要求经济补偿金需要结合双方劳动合同的约定判断，如果劳动者的工资福利等没有降低，劳动者被迫离职可能不成立；如果劳动者的工资福利大幅度降低，劳动者依据《劳动合同法》第三十八条解除劳动合同可能获得支持。

问答 626 公司员工被调派到子公司工作，已签订劳动关系变更协议书，协议书中写明与本公司解除原有劳动关系，与子公司建立劳动关系，这种情况下还用再开具解聘通知书吗？

解聘通知书一般用于用人单位单方解除劳动合同的情形下，您这种情况属于协商解除劳动合同，不是单方解除劳动合同。

问答 627 在集团公司旗下的分公司之间调动员工的话，劳动合同是重新签署，还是直接签一份劳动合同变更协议就好了？

用工主体发生变化，可以与劳动者签订劳动合同变更协议，也可以解除原有劳动关系后，与新用人单位签订劳动合同。

问答 628 劳动关系终止确认书是必须发给离职员工的吗？

用人单位应当在解除或者终止劳动合同时出具解除或者终止劳动合同的证明，并在

15 日内为劳动者办理档案和社会保险转移手续[①]。

问答 629 对公司的调岗决定，员工是否必须听从？可以将员工从 A 公司调岗到 B 公司吗？

安排劳动者从 A 公司到 B 公司不属于调岗，属于变更用工主体，应取得劳动者的同意。

问答 630 员工劳动合同到期不续签并申请离职，用人单位是否可以不开具离职证明？员工是否可以携到期的劳动合同代替离职证明，去下家公司办理入职？

用人单位应当在解除或者终止劳动合同时出具解除或者终止劳动合同的证明，并在 15 日内为劳动者办理档案和社会保险关系转移手续[②]。给劳动者开具解除或终止劳动关系证明系用人单位的法定义务。

问答 631 劳动合同到期终止，用人单位是否需要提前 30 天通知员工呢？

各地标准不一，北京需要提前 30 天通知[③]，如果没有提前 30 天通知，应当按照未提前的天数向劳动者支付赔偿金。

问答 632 公司有个员工提出离职，离职申请已签批完了，现在也已经找到合适的人员接替她的工作了，如果要求她提前半个月离职，有什么风险吗？

这个还真有风险，有可能被认定为用人单位解除劳动合同，更坏的结果是有可能被认定为违法解除劳动合同。建议按照双方已达成一致意见的离职日期办理离职手续，除非劳动者同意提前离职。

问答 633 员工辞职后不配合做交接应该怎么处理？

劳动者应当按照双方约定，办理工作交接。如果劳动者拒绝工作交接给用人单位造成

---

① 《劳动合同法》第五十条。
② 《劳动合同法》第五十条。
③ 《北京市劳动合同规定》第四十七条。

经济损失的，用人单位可依据双方约定或规章制度规定，要求劳动者赔偿损失。

问答 634 | 离职能否代办？具备什么条件可以代办？

　　劳动者离职能否委托他人代办，具备什么条件可以代办，法律没有明确规定，不建议用人单位同意劳动者委托他人代办离职手续，存在风险。在委托手续真实、合法、有效的情况下，代办离职有可能被认可。

问答 635 | 员工 12 月 4 日写了离职申请，告知公司将于 12 月 29 日离职，公司可以在 12 月 29 日发解除合同通知吗，还是必须要达到 30 天即 1 月 3 日才可以？

　　劳动者提交了离职申请并告知 12 月 29 日离职可判断这份"离职申请"是一份辞职信，而不是一份离职申请。劳动者辞职，用人单位依法为劳动者办理相关的离职手续即可终结双方劳动关系。公司发解除通知的理由是什么，准备解雇劳动者吗？劳动者提出辞职后，用人单位另行发出解除通知，有可能涉嫌违法解除，给单位带来不必要的困扰。

问答 636 | 员工劳动合同到期，用人单位未提前 30 天书面通知不续签，除了正常的经济补偿以外，还需要承担什么补偿责任呢？

　　没有法律规定用人单位需提前 30 天通知劳动者不续签劳动合同，但有的地方规定要求用人单位提前 30 天通知劳动者。如在北京，劳动合同到期，用人单位应提前 30 天通知劳动者不续签。终止劳动合同未提前 30 日通知劳动者的，以劳动者上月日平均工资为标准，每延迟 1 日支付劳动者 1 日工资的赔偿金[①]。

问答 637 | 员工到了退休年龄，缴纳养老保险已满 15 年，公司可以单方面终止合同吗？需要支付赔偿吗？如果员工缴纳养老保险未满 15 年的，公司可以终止劳动关系吗？需要支付补偿金吗？

　　劳动者达到法定退休年龄，劳动合同终止[②]，无须支付经济补偿，与劳动者缴纳养

[①] 《北京市劳动合同规定》第四十七条。
[②] 《劳动合同法实施条例》第二十一条。

老保险的年限无关。

问答 638 员工在"三期"内且工龄较长，现公司不想与其解除劳动合同，公司将员工所在店面转给代理商后能否不解除合同让其继续在代理商店面工作？

如果劳动者和代理商均同意且代理商认可该员工在贵司的工龄，签订三方协议明确约定各方权利义务即可；如果劳动者不同意，贵司在合理的范围内重新为该劳动者安排新的店面工作即可，不涉及劳动合同解除事宜。

问答 639 员工离退休不足半年是不能辞退的，是这样吗？有什么先决条件吗？比如，在本单位工作满 5 年，离退休不足半年的不得辞退？

在本单位连续工作满十五年，且距法定退休年龄不足五年的，用人单位不得依据《劳动合同法》第四十条、第四十一条解除劳动合同[1]。

问答 640 离职员工索要劳动合同，但是公司只有一份原件，劳动合同可以不给员工吗？

劳动合同应该由用人单位和劳动者各执一份[2]，公司的这份原件可以不给劳动者。

问答 641 试用期与员工协商解除劳动合同，还需要支付赔偿金吗？

要看协商解除由谁提出，劳动者提出后双方协商一致解除劳动合同的，不需要支付经济补偿；用人单位提出的，需要支付经济补偿[3]。

问答 642 员工辞急工，怎么办？给公司造成的损失可以扣工资吗？

劳动者提前三十日书面通知用人单位可以解除劳动合同[4]，劳动者违法解除劳动合同给用人单位造成损失的应当赔偿[5]。用人单位扣除劳动者工资应当符合集体合同、劳

---

① 《劳动合同法》第四十二条。
② 《劳动合同法》第十六条。
③ 《劳动合同法》第四十六条。
④ 《劳动合同法》第三十七条。
⑤ 《劳动合同法》第九十条。

动合同的约定或者本单位规章制度的规定。因劳动者本人原因给用人单位造成经济损失，用人单位按照前款规定扣除劳动者工资的，扣除后的余额不得低于本市最低工资标准①。

问答643 公司地址变动，新旧地址相距20km，公司把5名员工调到新址工作，目的是让员工主动提出离职。方法是否可行？

公司的新旧地址相距20km，劳动者可能会获得解除劳动合同并要求用人单位支付经济补偿的权利②；该种情形如果被视为客观情况发生重大变化，用人单位未能提供有效手段消除地点变更对劳动者生活造成的实质影响，双方协商变更工作地点无法达成一致的，用人单位可以解除劳动合同，支付经济补偿③。劳动法的立法本意是保护劳动者，用人单位想要在不支付任何补偿的情况下合法解除劳动合同必须符合法律规定，否则一旦操作不慎构成违法解除，就要承担更为严重的法律后果。

问答644 我们单位一个员工外出参加培训（培训费6000元），但至今没有签订外出培训协议。过了2个月该员工要辞职，公司要求退还培训费，该员工认为其没有在外出培训协议上签字，拒绝赔偿培训费，应该怎么做才能让该员工支付培训费用呢？

如果劳动者依法解除劳动合同，即提前三十日书面通知用人单位，在没有签订服务期协议的前提下，用人单位要求劳动者支付培训费用没有事实依据和法律依据。

问答645 我们和一个员工签订了两年的劳务合同，公司觉得员工业绩不好想和她解除劳务合同，公司需要支付赔偿金吗？

如果双方是劳务关系而非劳动关系，解除劳务关系不受劳动法规范，依据劳务合同约定给予补偿；如果是劳动关系，觉得员工业绩不好无法直接合法解除劳动合同。

---

① 《北京市工资支付规定》第十一条。
② 《劳动合同法》第三十八条。
③ 《劳动合同法》第四十条。

问答 646 领导想辞退某员工，该员工入职不到半年，是不是提前一个月通知并且补偿半个月薪资就可以了？

不可以。应当先协商解除；协商不成，在员工不存在过错的情况下，用人单位单方解除容易构成违法解除，违法解除的后果是劳动者有权要求继续履行劳动合同或用人单位支付违法解除劳动合同赔偿金[①]。

问答 647 员工一个月内有五天未打卡上班，其中连续两天未打卡，以上未打卡均没有事先告知领导，也没有提交考勤流程。按照公司考勤制度，旷工两个工作日者视为违反公司劳动纪律，公司可以开除。这种情形违法吗？

用人单位想要合法解除违纪劳动者有严格标准和流程。规章制度方面，要保证经过民主程序，并已向劳动者公示或送达[②]；实践操作中，要充分了解劳动者旷工的原因，严格依照公司规章制度的相关流程给予处理；在解除前要通知工会，全程都要注意保留证据，当然还要注意规章制度的合理性，如旷工 2 天就解除劳动合同有可能因为不具备合理性而不被认可。

问答 648 某部门领导没有工作业绩，公司要辞退他，但是该员工坚持索要年度绩效工资，请问是否应该支付？如果公司制度认定员工绩效不合格不给绩效工资的话，是否合法？

没有业绩就辞退，是典型的违法解除。没有业绩属于不胜任工作的范畴，不胜任工作不可以直接解除，需要按照《劳动合同法》第四十条的规定进行调岗或者培训，仍然不能胜任的才可以解除劳动合同。年度绩效工资要依据公司合法有效的绩效考核办法进行计发。

问答 649 开具的离职证明可以不给员工，由我们公司直接开具给对方公司（离职员工的新单位）吗？老板想用此制约离职员工完成离职交接等。

用人单位应当在解除或者终止劳动合同时出具解除或者终止劳动合同的证明。劳动

---

① 《劳动合同法》第四十八条。
② 《劳动合同法》第四条。

者应当按照双方约定，办理工作交接①。

问答 650 一些员工离职不办理离职手续，企业会暂缓发放当月工资，这样合法吗？如果不合法，对于员工不办理离职手续，有什么规避方法吗？

劳动者的工资应当在解除劳动合同时发放②。劳动合同解除后，劳动者应按双方约定办理工作交接③。

问答 651 我司准备辞退某员工，因其能力不行，工作消极懈怠，如果辞退应该给多少补偿金才是合理的？

如果以员工不能胜任工作解除，需提供其工作岗位的岗位说明书，证明其确实存在不能胜任工作的情形，然后对其进行培训或调岗，之后再对其进行考核，仍不胜任工作的，用人单位可以解除劳动合同，但须支付经济补偿④，如果不能提前一个月通知还需支付代通知金⑤。

问答 652 用人单位因经营困难取消了一个部门，相应的一些员工岗位就不存在了，用人单位没有与劳动者就劳动变更进行协商，直接协商解除劳动合同了。是不是违法解除？

如果是协商解除，一般情况下不存在违法解除。用人单位可以解除劳动合同的情形《劳动合同法》有明确规定。此处，用人单位如果想以客观情况发生重大变化为由解除劳动合同，首先需证明部门取消属于客观情况发生重大变化，其次需就变更劳动合同内容进行协商，协商不成，支付经济补偿或代通知金（提前一个月告知可以不支付）后解除劳动合同⑥。

---

① 《劳动合同法》第五十条。
② 《工资支付暂行规定》第九条。
③ 《劳动合同法》第五十条。
④ 《劳动合同法》第四十六条。
⑤ 《劳动合同法》第四十条。
⑥ 《劳动合同法》第四十条。

问答 653 如果员工绩效不合格，进行调岗后依旧不合格，公司对其进行了警告，并让员工签署了一份书面协议，内容为：如下次绩效仍不合格，30 天后发放解除劳动关系通知，这是否就不涉及对员工的赔偿了？

用人单位以劳动者不能胜任工作且进行调岗或培训后仍不能胜任工作为由解除劳动合同需支付经济补偿[①]。

问答 654 一个员工 7 月 4 日入职，10 月 4 日转正，12 月 5 日被口头辞退，没有书面通知，12 月 30 日之前只要交接完工作就可以随时走，12 月工资照发，另补偿半个月的工资。这样有风险吗？

口头辞退风险巨大，如果达成解除劳动合同协议可以避免风险。

问答 655 如果公司以业绩不好为由辞退员工是不是要给双倍补偿金？

业绩不好不是解除劳动合同的法定事由，用人单位如果以员工业绩不好解除劳动合同被认定违法解除的可能性非常大。违法解除的后果是由劳动者选择继续履行劳动合同或双倍补偿[②]。

问答 656 我们 8 月 31 日向员工出具了解除劳动合同证明书，员工不接受，没拿走，也拒绝在离职交接表上签字，但是该员工在其部门领导的要求下，签了一份证明书，内容是 9 月 13 日收到解除劳动合同证明书、离职审批表等文件。他的仲裁诉求之一是公司应发至今的工资。辩驳他的这个诉求，是不是只要出具解除劳动合同证明书和他签的那份证明书就足够了？

解除劳动合同证明未送达劳动者就不发生法律效力，劳动者 9 月 13 日收到解除劳动合同证明，若法院最终认定该日劳动合同解除，用人单位需支付到 9 月 13 日的工资。

问答 657 入职 5 个月，几乎每周都加班，但是公司没有支付加班费。如果申请离职

---

① 《劳动合同法》第四十六条。
② 《劳动合同法》第四十八条。

的原因是未支付加班费，是否可以申请经济补偿金？可以的话，补偿金是半个月工资吗？主张加班是不是一定要有证据呢，搜集不到证据怎么办？还有，公司并没有相关制度规定迟到的罚款金额标准，劳动者本人也并不知道迟到罚款的标准，但劳动者因迟到被罚款 1000 元，这个罚款合理合法吗？

　　劳动者以用人单位未足额支付劳动报酬为由提出辞职，可以要求用人单位支付经济补偿，但存在加班事实的证据需要劳动者提供，或者劳动者能够证明用人单位掌握存在加班事实的证据[①]。如果劳动者不能举证，那么主张加班费不会得到支持。罚款 1000 元没有法律依据，用人单位对劳动者罚款没有法律依据。

问答 658　员工递交辞职信并在信里说掌握了公司违法经营的证据且保留起诉权利等。后员工离开公司但没有办理解除劳动合同等离职手续，是否还视作劳动关系存在？如果公司在其离职两年后倒闭，是否还要支付他这两年的补偿金？

　　劳动者递交辞职信后，第 31 日起双方劳动关系解除。在用人单位无过错的情况下，劳动者主动辞职的，用人单位无须支付经济补偿[②]。

问答 659　员工不胜任工作，也不同意降薪，能解除劳动合同吗？

　　员工不胜任工作，用人单位应当进行调岗或培训，而不是降薪，调岗或培训后仍不能胜任工作的，可以解除劳动合同[③]。

问答 660　与员工协商一致解除劳动合同，需不需要给补偿金？

　　协商一致解除劳动合同分两种情况：用人单位提出后双方协商一致解除的，需支付经济补偿[④]；劳动者提出后双方协商一致解除的，无须支付经济补偿。

---

① 《最高人民法院关于审理劳动争议案件适用法律问题的解释（一）》第四十二条。
② 《劳动合同法》第四十六条。
③ 《劳动合同法》第四十条。
④ 《劳动合同法》第四十六条。

问答 661 如果以员工严重违反规章制度为由解除劳动合同，在开具解除劳动关系证明书时，可以笼统地写因员工个人原因解除吗？

建议不要写因个人原因解除，在实践中"个人原因"有特定含义，一般理解为劳动者辞职。用人单位出具的解除、终止劳动合同的证明，应当写明劳动合同期限、解除或者终止劳动合同的日期、工作岗位、在本单位的工作年限①。解除劳动关系证明中一般不写解除原因。

问答 662 现要邮寄解除劳动合同通知书，如果入职信息登记表上的有效邮寄地址没有经员工签字确认，是否可以邮寄到劳动合同上标注的地址或者身份证上的地址？

不管哪个地址，只要劳动者签收就可以；如果劳动者没有签收，通常情况下视为没有送达。

问答 663 和高管解除劳动合同需要的注意事项是什么？他连续 3 天旷工，也没有对员工工作进行安排，给公司造成了损失。

劳动者严重违纪，用人单位可以解除劳动合同。当然对于旷工是否构成严重违纪需要有相关的制度做支撑，制度要合规、合法、合理并且送达给了劳动者。

问答 664 对于协商解除，如果员工就不同意走，那企业还是得继续聘用他，除非能找到他违反制度的证据才能解聘，是吧？

员工不同意，就是协商失败，就不是协商解除了。

问答 665 兼职可以随时终止协议吗？

非全日制用工可以随时通知对方终止用工②。

问答 666 请问合同到期和不到期，用人单位单方面解除劳动合同时的补偿有区别吗？

---

① 《劳动合同法实施条例》第二十四条。
② 《劳动合同法》第七十一条。

区别挺大的。首先，解除一般发生在劳动合同不到期的情况下，劳动合同到期，一般不单方面解除，到期终止即可。我想您问的应该是终止劳动合同的经济补偿，终止的补偿和解除的补偿有一个 2008 年时间段的差别，终止最早从 2008 年开始算，解除没有这个限制。

问答 667 公司文化岗和培训岗合并，文化岗同事拒绝接受调岗。公司以组织架构调整为由提前一个月通知可以解除劳动合同吗？是否有违法解除的风险？

调岗应当符合法律的规定或者双方的约定；如果组织架构调整被认定为客观情况发生重大变化，用人单位可以和劳动者协商变更劳动合同内容，劳动者不同意的，用人单位可以单方解除劳动合同①，但需要支付经济补偿②。

问答 668 员工被裁，通知书已发但他不离开公司，赔偿也不想谈，就是硬赖着不走。我们该怎么办？

您可以建议该劳动者去申请劳动仲裁，通过合法渠道维护自己的合法权益。

问答 669 公司不开离职证明，需要员工提供证明举证吗？

用人单位如果已经给劳动者开具了离职证明，应当保留劳动者领取离职证明的证据③，离职证明是否开具的举证责任由用人单位承担。

问答 670 公司有个员工想离职，但老板不太同意，可以直接发邮件离职吗？

劳动者提前三十日以书面形式通知用人单位，可以解除劳动合同④，不需要老板同意。

问答 671 公司有一员工，5 月 13 日合同到期，公司不打算续签劳动合同，4 月初发书面通知就行吗？

---

① 《劳动合同法》第四十条。
② 《劳动合同法》第四十六条。
③ 《劳动合同法》第五十条。
④ 《劳动合同法》第三十七条。

第一次固定期限劳动合同到期，用人单位不续签的，应当提前三十日通知劳动者终止劳动合同（北京）[①]。

问答 672　请问代通知金要扣税吗？

个人与用人单位解除劳动关系取得一次性补偿收入（包括用人单位发放的经济补偿金、生活补助费和其他补助费），在当地上年职工平均工资3倍数额以内的部分，免征个人所得税；超过3倍数额的部分，不并入当年综合所得，单独适用综合所得税率表，计算纳税[②]。

问答 673　有个员工要辞职，辞职信交了，领导还没签字。然后他突然又说不想辞职了，该怎么办？

需要区分是辞职信还是辞职申请。如果是辞职信，劳动者递交后三十日劳动合同即解除，劳动者无法撤回；如果是辞职申请，在用人单位没有同意之前，劳动者是否可以撤回存疑。

问答 674　劳动合同终止通知书如果只能公告送达该选择什么媒体才合法有效？

全国公开发行的报纸，如《工人日报》。

问答 675　劳动者主动离职后，发现根据《劳动合同法》第三十八条和第四十六条的规定，其属于用人单位未及时足额支付劳动报酬、未依法为劳动者缴纳社会保险的，劳动者可解除劳动合同，用人单位应依法支付经济补偿金的情形，此时仲裁委和法院是否会支持其主张的经济补偿金？

需根据劳动者的辞职理由确定。如果劳动者是以《劳动合同法》第三十八条任一条款为辞职理由的，用人单位应当支付经济补偿；如果劳动者辞职时是以个人原因而非《劳动合同法》第三十八条任一条款提出辞职的，用人单位不需要支付经济补偿；如果辞职理由不明确，是否支付经济补偿，各地裁审标准并不统一。

---

① 《北京市劳动合同规定》第四十条。
② 《财政部、国家税务总局关于个人所得税法修改后有关优惠政策衔接问题的通知》第五条第一项。

问答 676 对于员工提完辞职申请就连续旷工或者在岗消极怠工有什么好的办法遏制吗？故意不上班，能否按照日工资标准转换经济损失？或者说是因旷工导致用人单位的损失是否能起诉员工全额承担？

劳动者提出辞职后，用人单位应当尽快对劳动关系做出处理，如立即同意劳动者的辞职申请并办理离职手续，千万不要以劳动者旷工或者消极怠工为由对劳动者进行处罚，徒增风险，对用人单位无任何益处；劳动者未出勤提供劳动，可不发其当日工资，对于您所说的损失，并非直接损失，很难获得支持。

问答 677 给员工发了解除劳动合同通知后，员工要求解除劳动合同当天发放在职期间的工资，公司不发算违法吗，或者公司能按每个月正常发工资的时间发吗？

劳动关系双方依法解除或终止劳动合同时，用人单位应在解除或终止劳动合同时一次付清劳动者工资 [①]。

问答 678 合同期满，用人单位提前 30 日告知劳动者终止合同是否还要给予补偿？

用人单位终止劳动合同支付经济补偿与是否提前通知无关，换句话说，如果属于劳动合同终止需要支付经济补偿情形的，无论是否提前通知都需要支付经济补偿 [②]。

问答 679 劳动者被追究刑事责任，用人单位是否可以随时解除劳动合同并且不支付经济补偿金？

劳动者被追究刑事责任，用人单位可以解除劳动合同 [③]，并应及时作出解除劳动合同的决定。

问答 680 公司有一员工，和领导说好了要辞职，然后就不来公司了，也不办理手续，我已经发邮件催促他到公司办理交接手续，可他一直不理我，可否算自动离职？

---

① 《工资支付暂行规定》第九条。
② 《劳动合同法》第四十六条。
③ 《劳动合同法》第三十九条。

劳动者提出辞职，需按照用人单位离职程序办理离职。口头提出辞职的，用人单位须有证据证明，法律没有自动离职的规定。

问答 681 违法解除赔偿 2N，还需要给代通知金吗？

用人单位违法解除劳动合同应支付劳动者赔偿金（2N），不需要支付代通知金。劳动者如果选择继续履行劳动合同，很可能会得到法院支持，那样就不会涉及支付赔偿金的问题了。

问答 682 本单位一员工 5 月 19 日提出离职，想在 5 月 31 日离职，公司是否可以要求员工支付一个月的工资作为补偿或者扣除员工的工资？

不可以，用人单位应证明因员工未依法辞职而导致用人单位产生了损失，并以此损失进行索赔，但不能扣除员工工资[①]。

问答 683 员工未按要求提前提出辞职申请，公司将扣除相应出勤工作日的基本工资作为代通知金，这样规定是否合法？

不合法。劳动者违法解除劳动合同，给用人单位造成损失的，用人单位可以要求劳动者赔偿[②]。代通知金只适用于用人单位依据《劳动合同法》第四十条解除劳动合同的情形，不适用于劳动者解除劳动合同。

问答 684 用人单位违法解除劳动合同并且拒绝为劳动者出具离职证明导致劳动者无法就业长达半年，其间的损失能通过仲裁申请吗？

劳动合同解除，用人单位应当向劳动者出具离职证明，否则，给劳动者造成损失的，应当赔偿[③]。

问答 685 我公司有几个长期合同员工需要协商解聘，但双方一直谈不好。公司准备

---

① 《工资支付暂行规定》第十五条、第十六条。

② 《劳动合同法》第九十条。

③ 《劳动合同法》第八十九条。

让这些员工回家待岗，发最低社保工资，有法律风险吗？

协商解除劳动合同无法达成一致的，劳动合同仍应继续履行，直到双方就解除事宜达成一致①，让劳动者待岗无法律依据。

问答 686 以公司业务调整而无法提供工作岗位为由解除与员工的劳动合同，风险大吗？

由于业务调整而无法提供工作岗位很可能不属于客观情况发生重大变化，所以合法解除的难度很大，不建议以此为由解除劳动合同。

问答 687 员工签的是无固定期限劳动合同，用人单位想要解除劳动合同可以吗？

劳动者存在《劳动合同法》中用人单位可以解除的情形的②或者劳动关系双方协商一致的③，可以解除劳动合同。

问答 688 员工入职不到一个月就提出离职，双方还没签合同，解除合同证明书用不用开？

用人单位应当在劳动关系终止或解除时，出具终止或解除劳动关系的证明④。

问答 689 员工在 6 月 7 日递交了辞职信，希望离职日期定在 6 月 30 日。公司批准了员工的辞职申请，并且将离职日期定在 6 月 15 日。请问公司的这个做法是否构成劝退？如果员工执意要 6 月 30 日才离职，怎么办？

劳动者提前三十日书面通知用人单位，可以解除劳动合同。根据法律规定，劳动者提交书面辞职信，三十日后双方劳动关系解除。关于具体离职时间，双方可以协商，协商不一致的，依照法律规定办理⑤，即双方的劳动关系自 7 月 7 日解除。

---

① 《劳动合同法》第三十五条。
② 《劳动合同法》第三十九条、第四十条、第四十一条。
③ 《劳动合同法》第三十六条。
④ 《劳动合同法》第五十条。
⑤ 《劳动合同法》第三十七条。

问答 690 多大年龄的员工不可以辞退呢？我公司想找理货员，是不是招聘 47 岁以上的员工就不能辞退了呢？但是《劳动合同法》上说的好像是不得辞退在本单位连续工作满十五年，且距法定退休年龄不足五年的职工。如果招聘 47 岁的员工，公司用了一年不想用了，是不是也可以辞退呢？

　　用人单位依法解除劳动合同与劳动者年龄关系不大，《劳动合同法》里没有规定劳动者到达一定年龄的，用人单位就不可以解除劳动合同。《劳动合同法》第四十二条也只是规定，在本单位连续工作满十五年，且距法定退休年龄不足五年的，用人单位不得依照《劳动合同法》第四十条、第四十一条解除劳动合同。

问答 691 违法解除情形，是否还有收入损失这一说法呢？

　　用人单位违法解除劳动合同被撤销后，给劳动者造成工资收入损失的，应当赔偿。

问答 692 我公司一位高级管理人员在未办理任何手续的情况下，旷工长达一年半之久，劳动合同也已经到期，请问这种情况下我公司可以单方面解除与其的劳动关系吗？

　　一般情况下，劳动者连续旷工三天以上，用人单位就可以依据合法有效的规章制度单方解除劳动合同。劳动者旷工长达一年半之久，这种说法本身就表明用人单位在劳动用工方面存在重大漏洞。劳动合同到期终止即可。

问答 693 很多员工在试用期或劳动合同期限内没有提前通知公司，交了辞职信就要走，能否在《员工手册》里针对这样的情况作出规定，扣除员工工资？

　　劳动者离职不符合法律规定，给用人单位造成损失的，用人单位可以要求劳动者赔偿①；因为没有提前通知公司离职而直接扣除劳动者的工资，没有法律依据。

问答 694 公司分家，由一个公司变为两个公司，但部分员工在新公司工作，劳动关系还在原公司，事实劳动关系在新公司。原公司想与这部分员工解除劳动

---

　　① 《劳动合同法》第九十条。

关系，如何操作？

可以签订一个三方协议，变更劳动合同的主体，重新约定各方的权利义务。

问答 695 关于项目制合同员工，合同中约定离职补偿金已包含在月工资中，现在项目因业主方问题中止，员工离职是否还需要支付 1 个月的代通知金？

用人单位解除劳动合同视不同情形来判断是否需要支付经济补偿。用人单位与劳动者约定工资包含经济补偿金没有法律依据。《劳动合同法》第四十条规定了三种需要支付代通知金的情形，简单来说就是医疗期满、不胜任工作和客观情况发生重大变化解除劳动合同，其他情形不涉及代通知金的问题。

问答 696 员工提出离职，企业要求员工先把北京市集体户口迁出企业才能办理离职手续，请问企业这样做可以吗？

用人单位应当在解除或终止劳动合同时出具解除或者终止劳动合同的证明，并在十五日内为劳动者办理档案和社会保险转移手续 ①，这是用人单位的法定义务，与劳动者是否将户口迁出无关。

问答 697 员工能满足岗位说明书的基本要求，但上司觉得换人会做得更好，想单方解除劳动合同，可以吗？

用人单位单方解除劳动合同需要有法定的事由，上司觉得换人更好不是法定解除事由。

问答 698 员工自动离职，没在规定时间内办理交接手续，逾期不再结算工资，是否合法？

如果用人单位认为劳动者自动离职，说明用人单位的用工管理存在误区，劳动关系不会自动解除。劳动者提出辞职，应当按照双方约定进行工作交接，劳动者未交接造成用人单位损失的，用人单位可以追偿。即使劳动者未交接，用人单位也应当在劳动合同解除时结清工资。

---

① 《劳动合同法》第五十条。

问答 699 一员工挪用公款，经常迟到早退，常常私下跟其他员工借款，还被高利贷
发催款函到公司，公司可以即刻辞退且不支付任何经济补偿吗？

用人单位解除劳动合同应当符合法律规定，并能够提供证据证明解除的事实依据和法律依据，否则有可能构成违法解除。您说的这些情形不一定符合用人单位可以单方解除劳动合同的条件，如挪用公款要看程度和情节，不是只要挪用公款就可以解除劳动合同。

问答 700 公司与员工协商解除劳动合同并给予补偿金，但员工不同意怎么办？

协商解除劳动合同未达成一致，亦不符合用人单位单方解除情形的，应当继续履行劳动合同。

问答 701 我单位有一位员工入职已 6 年多，签订的是无固定期限劳动合同，单位现
因各种原因想辞退他，应该怎么处理才能减少损失？劳动法对此种情况作
何规定？

用人单位解除劳动合同应当符合《劳动合同法》第三十六条、第三十九条、第四十条、第四十一条的规定，否则可能构成违法解除；依法依规处理即可减少损失。

问答 702 员工在公司系统上提交了辞职申请单后，拒绝来公司办理离职手续，劳动
合同尚未终止，需要怎么处理？是否可以直接发终止劳动合同通知书？需
要赔偿吗？工资和社保是否可以停发？

劳动者提前三十日以书面形式通知用人单位，可以解除劳动合同，到第三十一日，无论是否办理工作交接，双方劳动关系解除；劳动者因自身原因解除劳动合同的，用人单位无须支付经济补偿；劳动合同解除时，用人单位应当结清工资，依法停缴社保。通过系统提交辞职信是否属于书面形式，实践中存在争议，建议通过其他方式确认劳动者辞职的真实性。

问答 703 公司有一员工刚入职两个多月（签订的是 1 年期合同，约定 2 个月试用期，
现在试用期已过），公司打算把她辞退，请问有什么风险？

用人单位解除劳动合同需要符合法律规定，否则可能构成违法解除，劳动者有权要求继续履行或者要求用人单位支付违法解除劳动合同的赔偿金①。

问答 704 一个员工8月7日交了离职申请，8月10日以后就没来上班了，这种情形怎么操作呢？可以按公司规章制度旷工三天解除劳动合同吗？

劳动者已经递交了离职申请，后续未到公司上班，不宜认定为旷工②，按照公司的离职流程办理相关手续即可。

问答 705 对于离职员工的工资结算时间有法律要求吗？

劳动关系双方依法解除或终止劳动合同时，用人单位应在解除或终止劳动合同时一次付清劳动者工资③。

问答 706 员工离职时签了当月出勤说明（出勤至15日），之后办了工作交接，请问工作交接期间是否需要发放工资？

劳动关系解除前，劳动者提供劳动的，用人单位应当支付工资；劳动关系解除后，劳动者仅按照双方约定进行工作交接的，用人单位可以不支付工资。建议用人单位不要在劳动合同解除后才办理工作交接，应当在解除前完成。

问答 707 员工交了离职交接单，他的直属领导、人力、财务都签字了，但是副总和总经理没有签字，是不是也不能视同离职？

劳动者提前三十日以书面形式通知用人单位，可以解除劳动合同，劳动者在试用期内提前三日通知用人单位，可以解除劳动合同④，无须用人单位批准。如果离职交接单具备辞职信的性质，三十天后劳动合同会依法被解除。

问答 708 关于员工离职时间，应该以公司答复时间为准还是员工实际参与工作时间

---

① 《劳动合同法》第四十八条。
② 《劳动合同法》第三十七条。
③ 《工资支付暂行规定》第九条。
④ 《劳动合同法》第三十七条。

为准？如果公司答复前员工已经不来上班了，是否可以通过考勤来界定停发工资时间和离职时间？如果实际操作中公司确实超过 30 天才答复，应怎样规避风险？

劳动者提前三十日以书面形式通知用人单位，可以解除劳动合同，劳动者在试用期内提前三日通知用人单位，可以解除劳动合同[①]，无须用人单位批准；如果劳动者未提前三十天通知用人单位直接离职走人，给用人单位造成损失的，用人单位可以要求劳动者赔偿损失[②]；劳动者的工资发放以其实际提供劳动的时间为准；如果劳动者提出离职，超过三十天用人单位未批准，劳动者也未离职的，视为双方又达成了新的建立劳动关系的合意，形成新的事实劳动关系，双方应当重新签订劳动合同。

问答 709 员工不能胜任工作，经过培训后仍不能胜任，多支付 1 个月工资就可以解除合同吗？还要支付经济补偿金吗？

劳动者不胜任工作，经培训或调岗仍然不胜任的，用人单位可以解除劳动合同，用人单位需要支付经济补偿和代通知金（未提前一个月通知的）[③]。

问答 710 员工在合同期内辞职，可以向公司索要经济补偿金吗？

劳动者因为个人原因辞职的，无权向用人单位主张经济补偿；劳动者以用人单位存在《劳动合同法》第三十八条规定情形为由解除劳动合同的，用人单位应当向劳动者支付经济补偿。

问答 711 公司想辞退一个员工，她刚刚转正，我们赔偿她一个月工资是否可行？

解除劳动合同应当有法定的理由，否则可能构成违法解除，违法解除的后果不仅仅是赔钱，还可能被劳动者要求继续履行劳动合同[④]。

---

① 《劳动合同法》第三十七条。
② 《劳动合同法》第九十条。
③ 《劳动合同法》第四十条、第四十六条。
④ 《劳动合同法》第四十八条。

问答 712 员工辞职后回公司交接，交接了一天也没结束，可能明天还要来，是否应该按照员工在职期间的工资给他发薪水？

劳动者离职交接应当按照用人单位关于离职流程规定或者劳动合同的约定办理，如果用人单位没有离职规定或劳动合同没有约定的，劳动者已经离职，双方劳动关系终止，让劳动者再行配合用人单位进行工作交接难度较大，如果劳动者不配合，用人单位也没有什么有效手段。工作交接是劳动者履行解除劳动合同附随的约定义务，而非离职后向用人单位提供劳动。离职之后再发薪水，岂不会形成新的劳动关系？

问答 713 员工自动辞职的，公司要出具解除劳动合同证明吗？

员工自动辞职，解除劳动合同证明书怎么给劳动者是个大问题，建议在劳动合同中约定"送达条款"。对用人单位而言，劳动合同不会自动解除，不存在所谓的"员工自动辞职"。用人单位应当在解除或者终止劳动合同时出具解除或者终止劳动合同的证明，并在十五日内为劳动者办理档案和社会保险关系转移手续[1]。

问答 714 员工最后工作日为 14 日，补休年休假 1 天，加班调休 3 天，婚假 10 天，最后核算日为 30 日，离职证明日期应当如何确定？

最后工作日并非劳动关系解除或终止日，离职证明应载明劳动关系终止日期，终止日期要看劳动关系终止或解除的原因才能确定。如果是因为劳动合同到期导致劳动合同终止的，不建议通过核算假期的方式延长最终劳动关系终止日期。

问答 715 公司要求离职员工做完交接后才发放工资，这种要求合法吗？

劳动者提前三十日以书面形式通知用人单位，可以解除劳动合同[2]；劳动者的离职时间不受工作交接限制；劳动者应当按照双方约定，办理工作交接，用人单位依照本法有关规定应当向劳动者支付经济补偿的，在办结工作交接时支付[3]。工资应当在双方劳

---

① 《劳动合同法》第五十条。
② 《劳动合同法》第三十七条。
③ 《劳动合同法》第五十条。

动合同解除时支付[①]。

| 问答 716 | 公司想辞退一位保洁，因其上班期间与其他员工发生争执，被客人投诉，上班期间做与工作无关的事情，拿公司的仪器自己用，该保洁已经签过警告信，为了避免违法解除劳动合同，下一步该如何更好地处理呢？

用人单位解除劳动合同应当符合法律的规定，一旦操作失误，对用人单位的影响和带来的损失不可估量，您提供的信息不全，如和员工发生多大的争执、被客人投诉几次、上班时间做与工作无关的事情做到什么程度等，不太好判断是否达到解除劳动合同的程度。

| 问答 717 | 单位新聘的一名正式员工，年龄偏大，不能胜任工作，又不同意调岗安排，公司领导建议对其解聘，请问对其解聘前给付一个月代通知金和相应经济补偿就可以吗？

劳动者不同意调岗的，用人单位可以依据合法有效的规章制度对劳动者进行处理，直至解除劳动合同；劳动者不胜任工作，经过调岗或者培训后，仍然不胜任工作的，用人单位可以依法解除劳动合同，但应当支付经济补偿金[②]和代通知金[③]。

| 问答 718 | 北京地区的代通知金是以其上月工资为准，还是以前十二个月的平均工资为准呢？

代通知金的标准按照该劳动者解除劳动合同前一个月的工资标准确定[④]。

| 问答 719 | 有个转正员工，老板想开除他，原因是他上班睡觉、听音乐，老板不想赔偿又不想有风险，请问有什么建议吗？

用人单位解除劳动合同不需要支付补偿金的，劳动者应符合下列条件之一：（一）在

---

① 《工资支付暂行规定》第九条。
② 《劳动合同法》第四十六条。
③ 《劳动合同法》第四十条。
④ 《劳动合同法实施条例》第二十条。

试用期间被证明不符合录用条件的；（二）严重违反用人单位的规章制度的；（三）严重失职，营私舞弊，给用人单位造成重大损害的；（四）劳动者同时与其他用人单位建立劳动关系，对完成本单位的工作任务造成严重影响，或者经用人单位提出，拒不改正的；（五）因欺诈致使劳动合同无效的；（六）被依法追究刑事责任的[①]。符合这些条件之一的，老板就可以开除这个员工，而且不用给予补偿。

问答 720 | 电子版的离职申请具有法律效力吗？

如果能证明该离职申请系劳动者真实意思表示的，可以认定其法律效力。

问答 721 | 员工在职期间经过两次调岗仍不能胜任工作，现解除劳动关系，离职证明上的职位写哪个？前后两次的岗位不一样，薪资也是不一样的，如何写没有风险？

应当按照解除时的实际情况填写。

问答 722 | 员工不胜任工作，公司没有调岗，直接开除处理，多付一个月工资及经济赔偿金，还需要付其他的钱吗？

劳动者不胜任工作的，经培训或调岗仍然不能胜任的，用人单位可以解除劳动合同，但需要支付经济补偿金和代通知金（提前一个月通知的不需要支付）[②]。未经过上述程序解除劳动合同的，属于违法解除。

问答 723 | 员工 9 月 25 日递交辞职信，按劳动法 10 月 24 日他就可以离职。现该员工要配合公司调查某案件，他是当事人之一。主管和领导都希望他收回辞职信，可他执意要走。公司有什么办法可以让他不走呢？

员工真要走还真想不出有什么办法能不让他走。实践中，都是通过给员工提供股权、期权等方式留住人才。

---

① 《劳动合同法》第三十九条。
② 《劳动合同法》第四十条。

问答 724 公司大规模裁员需不需要去社保局提前报备，还是直接减员就行？

用人单位确需裁减人员的，应当提前三十日向工会或者全体职工说明情况，听取工会或者职工的意见，经向劳动行政部门报告后，可以裁减人员[①]。

问答 725 员工离职以后，能否同时主张代通知金（1 个月工资）和用人单位违法解除劳动合同的赔偿金？

违法解除劳动合同的赔偿金和代通知金不能同时适用；代通知金适用的场合仅包括用人单位依据《劳动合同法》第四十条合法解除劳动合同的情形。

问答 726 将员工从 A 公司转签到 B 公司（A、B 公司无隶属关系），只要将其与 A 公司的劳动合同做个终止，然后权责利不变地和 B 公司签劳动合同就可以了吗？还需要签劳动合同变更协议吗？

劳动者与哪个单位建立劳动关系就应该与哪个单位签订劳动合同。如果非因劳动者原因变更用人单位，在劳动者同意的前提下，A 公司解除劳动合同，支付经济补偿金，办理离职手续，劳动者和 B 公司签订劳动合同；或者，三方签订劳动合同变更协议书，B 公司承诺履行 A 公司在劳动合同中承诺的全部义务，包括承诺工龄连续计算。所以，在实操中有两种解决方式。哪一种方式更优并无统一答案，要看用人单位如何选择。

问答 727 员工经过三个月试用期转正，第四个月领导觉得他无法胜任工作，想与他解除合同，这种情况下需要提前 1 个月通知他解除合同，再支付半个月补偿金吗？

这个问题实质上和试用期无任何关系。所有与试用期有关的问题，必然发生在试用期内，如试用期以不符合录用条件为由解除劳动合同。只要过了试用期，不论用人单位是否批准劳动者转正，劳动者在法律上已经转正。如果以劳动者不胜任工作解除劳动合同，应当遵循以下步骤：（一）有胜任工作的标准；（二）经考核，劳动者不胜任工

[①] 《劳动合同法》第四十一条。

作;(三)经过调岗或者培训;(四)经过考核,劳动者仍然不胜任工作;(五)通知工会;(六)劳动法律师对解除进行合规性评估;(七)送达解除通知、支付经济补偿金和代通知金(提前 1 个月通知的除外),出具离职证明;(八)办理社保转移、档案转移。以上八个步骤,缺少任何一个环节或者任何一个环节出现瑕疵都可能构成违法解除[①]。

问答 728 员工上个月向公司递交了单方面解除劳动合同通知,之后没有再来公司上班,到现在也不来办理离职手续,这种情况算他自动离职了吗?公司本月是否可以停掉该员工的社保?是否可以等到员工来办理离职手续时再结清工资?

劳动关系解除权属于形成权,一方作出解除的意思表示,送达对方后,双方劳动关系即依法解除。劳动合同解除时,用人单位应当结清工资并于次月停缴社保。劳动者未按照双方约定办理工作交接,给用人单位造成损失的,用人单位可以要求劳动者赔偿[②]。

问答 729 员工第二次固定期限劳动合同即将到期,公司以合同终止为由通知员工解除劳动关系,这算是合法解除,还是违法解除?

既不是合法解除也不是违法解除,可能属于违法终止。在北京地区,连续两次订立固定期限劳动合同,劳动者没有法定情形的,用人单位负有与劳动者订立无固定期限劳动合同的义务,用人单位单方直接终止属于违法[③]。

问答 730 公司有个员工在上班期间贪图方便把杂物扔向隔壁厂空地,砸伤隔壁厂一位清洁工,公司想按照重大过失开除该员工,可以吗?

用人单位以劳动者存在重大过失解除劳动者,应有合法有效的规章制度作为依据,如果没有相关规定或约定,单方解除劳动关系存在很大风险。几乎可以肯定,用人单位

---

① 《劳动合同法》第四十条。
② 《劳动合同法》第九十条。
③ 《劳动合同法》第十四条。

的规章制度中不会有"乱扔杂物属于严重违纪"的规定，即使有规定，该规定也可能因不具有合理性而被裁审机关认定为无效。

问答 731 公司拖欠员工 2 个月工资，员工投诉了，现在老板要求员工从明天起不用来上班了，直到劳动局和他谈完把问题解决了再来，这样合理吗？

按时足额支付劳动报酬，是用人单位的法定义务。老板可能并不清楚"不用来上班"的含义，用人单位不让劳动者来上班，不上班期间应当向劳动者支付全额工资。

问答 732 企业单方解除劳动合同时，不需要征求工会的意见，只需要通知工会，对吗？

用人单位单方解除劳动合同，应当事先将理由通知工会。用人单位违反法律、行政法规规定或者劳动合同约定的，工会有权要求用人单位纠正。用人单位应当研究工会的意见，并将处理结果书面通知工会[①]。用人单位无论是单方解除劳动合同还是反馈工会的纠正意见，均是通知工会。

问答 733 如果要求员工开早会，某员工迟到 3 次以上，是不是可以无条件辞退？

用人单位解除劳动合同应当符合法律规定，并能够提供证据证明解除的事实依据和法律依据，否则有可能构成违法解除。用人单位想要合法解除劳动合同有严格的标准和流程。迟到 3 次以上，就想无条件辞退劳动者，这个难度非常大，原因在于迟到 3 次可能达不到"严重违纪"的程度。

问答 734 单位职工因酒驾被判刑一个月，必须解除劳动合同吗？

不是必须解除劳动合同，是可以解除劳动合同[②]，当然也可以不解除劳动合同。

问答 735 员工辞职，办理完离职手续，开离职证明还是解除劳动合同证明？

用人单位应当在解除或者终止劳动合同时出具解除或者终止劳动合同的证明，并在

---

① 《劳动合同法》第四十三条。
② 《劳动合同法》第三十九条。

十五日内为劳动者办理档案和社会保险关系转移手续①。用人单位出具的解除、终止劳动合同的证明，应当写明劳动合同期限、解除或者终止劳动合同的日期、工作岗位、在本单位的工作年限②。

问答 736 员工原本的劳动关系在母公司，后转入子公司，入职几天后其提出离职，离职证明该如何开具？由子公司开具的证明只有几天，员工想把母公司的工作时间也写在一起，这个该怎么写比较好？

母公司与子公司是不同的用人单位。离职证明可以由两个用人单位分别开具，根据实际情况写明劳动合同期限、解除或者终止劳动合同的日期、工作岗位、在本单位的工作年限③。

问答 737 员工劳动合同期满，处理劳动合同终止需要注意哪些事项？如果是企业主张不续签，是否涉及经济补偿金呢？

除用人单位维持或者提高劳动合同约定条件续订劳动合同，劳动者不同意续订的情形外，依照本法第四十四条第一项规定（劳动合同期满）终止固定期限劳动合同的，用人单位应当向劳动者支付经济补偿④。如果劳动合同是因劳动合同期满而终止，只有在用人单位维持或者提高劳动合同约定条件续订劳动合同，劳动者不同意续订的情形下，用人单位不需要支付经济补偿。如果是单位主张不续签的，需要支付经济补偿。

---

① 《劳动合同法》第五十条。
② 《劳动合同法实施条例》第二十四条。
③ 《劳动合同法实施条例》第二十四条。
④ 《劳动合同法》第四十六条。

第九章

女职工劳动用工问答

问答 738　填写入职登记表时，让员工填写是否处于孕产期或备孕期，这个行为合法吗？

　　各类用人单位、人力资源服务机构在拟定招聘计划、发布招聘信息、招用人员过程中，不得限定性别（国家规定的女职工禁忌劳动范围等情况除外）或性别优先，不得以性别为由限制妇女求职就业、拒绝录用妇女，不得询问妇女婚育情况，不得将妊娠测试作为入职体检项目，不得将限制生育作为录用条件，不得差别化地提高对妇女的录用标准[①]。

问答 739　员工休产假期间劳动合同到期，有必要邮寄劳动合同顺延通知给员工吗？不寄有何风险？

　　"三期"女职工劳动合同到期后自动顺延至"三期"结束，属于法定续延，不需要另行签订续延劳动合同书。

问答 740　我公司一位孕妇连续一周未上班，可否按照规章制度以连续旷工三天为由解除劳动合同？

　　劳动者怀孕未上班，用人单位应当首先调查清楚未上班的原因并给予适当照顾，在用人单位多次履行告知义务后，劳动者仍然拒绝服从用人单位管理的，用人单位可以依据合法有效的规章制度对劳动者实施劳动用工管理。

问答 741　生育津贴和产假工资是一回事吗？产假工资是按照应发还是实发算？

---

① 《人力资源社会保障部、教育部等九部门关于进一步规范招聘行为促进妇女就业的通知》第二条。

生育津贴就是产假工资，生育津贴低于产假女职工工资标准的，应当补足[①]，这里说的工资是指应发工资。

问答 742 在员工产假期间，公司扣除了该员工的绩效工资，只发放了基本工资和岗位工资。员工要求公司补发，合理吗？

根据《北京市企业职工生育保险规定》第十五条规定，生育津贴按照女职工本人生育当月的缴费基数除以 30 再乘以产假天数计算。生育津贴为女职工产假期间的工资，生育津贴低于本人工资标准的，差额部分由企业补足。这里的工资标准是"本人工资标准"，不是"本人基本工资"。

问答 743 员工产假结束，公司以编制减少为由给员工调岗，这样有什么风险？如果协商需要给予哪些必要的补偿？

劳动者产假结束，原工作岗位若未取消，应当安排原岗位工作；如果调岗，应与劳动者协商调整工作岗位，协商不能达成一致的，用人单位单方调岗没有依据。

问答 744 产检假是全市统一，还是可以由公司来规定？

《女职工劳动保护特别规定》第六条第三款规定，怀孕女职工在劳动时间内进行产前检查，所需时间计入劳动时间。该条文没有对产检次数进行限制，即只要是正常、必要的产检，都应该计入劳动时间，不能按病假、事假、产假、旷工等来计算。

问答 745 公司员工怀孕了，没请假也没办离职就自己回老家了，之前因为她不提供材料所以未缴纳社保，公司打电话要求她回来履行请假手续，但她不回来，后来不接电话了，这种情况如何处理？

用人单位为劳动者缴纳社保是强制性义务，否则需承担相关法律后果。"三期"女职工不请假不到岗，在用人单位催告后仍然拒绝履行请假手续的，用人单位可以依据合法有效的规章制度处理。

---

① 《北京市企业职工生育保险规定》第十五条。

问答 746 公司员工产假马上就要结束，她要求办理停薪留职，劳动法对这个情况有规定吗？

　　劳动法没有给产假员工办理停薪留职的相关规定，停薪留职是过去解决国企员工下岗再就业的一种方式，不建议现在的用人单位使用该种方式。

问答 747 孕妇休病假期间可以扣绩效工资吗？工资构成有基本工资和绩效工资，那要是病假期间，绩效工资全扣了可以吗？

　　孕妇休病假期间应当按照劳动合同约定或公司规定发放病假工资。

问答 748 如果公司清算破产，孕妇怎么办？

　　用人单位被依法宣告破产的，劳动合同终止[①]，用人单位需向劳动者支付经济补偿。

问答 749 用人单位和应聘员工提出入职后一年内不能怀孕，并私下让员工在入职时填写离职申请书，作为牵制员工的手段，如果员工在此期间怀孕了，将解除劳动合同，这样的行为符合劳动法吗？

　　不符合。依法禁止招聘环节中的就业性别歧视。各类用人单位、人力资源服务机构在拟定招聘计划、发布招聘信息、招用人员过程中，不得限定性别（国家规定的女职工禁忌劳动范围等情况除外）或性别优先，不得以性别为由限制妇女求职就业、拒绝录用妇女，不得询问妇女婚育情况，不得将妊娠测试作为入职体检项目，不得将限制生育作为录用条件，不得差别化地提高对妇女的录用标准[②]。

问答 750 在民营企业，女性人事经理退休年龄是多少岁？

　　党政机关、群众团体、企业、事业单位的干部，符合下列条件之一的，都可以退休：（一）男年满六十周岁，女年满五十五周岁，参加革命工作年限满十年的；（二）男年满五十周岁，女年满四十五周岁，参加革命工作年限满十年，经过医院证明完全丧失工作能

---

① 《劳动合同法》第四十四条。
② 《人力资源社会保障部、教育部等九部门关于进一步规范招聘行为促进妇女就业的通知》第二条。

力的;(三)因工致残,经过医院证明完全丧失工作能力的[1]。全民所有制企业、事业单位和党政机关、群众团体的工人,符合下列条件之一的,应该退休:(一)男年满六十周岁,女年满五十周岁,连续工龄满十年的。(二)从事井下、高空、高温、特别繁重体力劳动或者其他有害身体健康的工作,男年满五十五周岁、女年满四十五周岁,连续工龄满十年的。本项规定也适用于工作条件与工人相同的基层干部。(三)男年满五十周岁,女年满四十五周岁,连续工龄满十年,由医院证明,并经劳动鉴定委员会确认,完全丧失劳动能力的。(四)因工致残,由医院证明,并经劳动鉴定委员会确定,完全丧失劳动能力的[2]。

问答 751 怀孕女职工是否还可以参与绩效考核?

可以参加。

问答 752 休完产假的人事员工利用职务之便办理个人生育津贴,将全部费用转到了个人账户,并且已经离职,但是产假期间公司已正常发放其工资。现在公司想要回工资,可以吗?

如果确属重复发放,用人单位可以要求劳动者返还多发的部分。

问答 753 产假后回去上班,单位说这个岗位已经有人了,这种情况下单位可以跟员工解除劳动关系吗?

这种情况不属于用人单位可以单方解除劳动合同的情形,建议与劳动者协商调岗或协商解除,劳动者不同意的,用人单位只能按照原劳动合同继续履行。

问答 754 员工在哺乳期内,销售岗,业绩低于公司基本要求(已经有文件下发并由员工签字),在不调岗的情况下降薪,是否合法?

用人单位不得因女职工怀孕、生育、哺乳降低其工资、予以辞退、与其解除劳动或者聘用合同[3];用人单位可以依据合法有效的绩效管理规定计发劳动者的绩效工资。

---

[1] 《国务院关于安置老弱病残干部的暂行办法》第四条。
[2] 《国务院关于工人退休、退职的暂行办法》第一条。
[3] 《女职工劳动保护特别规定》第五条。

问答 755 哺乳期员工考核不通过，可以降级降薪吗？

用人单位不得因女职工怀孕、生育、哺乳降低其工资、予以辞退、与其解除劳动或者聘用合同[①]；用人单位可以依据合法有效的绩效管理规定对劳动者实施劳动用工管理，但是，用人单位对"三期"女职工进行降级降薪应当慎重。

问答 756 对产检假的工资是怎么规定的呢？

怀孕女职工在劳动时间内进行产前检查，所需时间计入劳动时间[②]。

问答 757 公司因客观条件发生重大变化，要变更劳动关系主体并拆除原工作地点，工作地点由北京市顺义区变为朝阳区，如果孕期女职工不同意变更工作地点，公司应该支付多少赔偿？需要补偿产期和哺乳期工资吗？

《劳动合同法》第四十二条规定，用人单位不得以劳动合同订立时所依据的客观情况发生重大变化，致使劳动合同无法履行，经用人单位与劳动者协商，未能就变更劳动合同内容达成协议为由解除与"三期"女职工的劳动合同，当然就不会涉及经济补偿的问题；变更劳动合同主体，须经三方协商一致，并签订书面劳动合同变更协议，劳动者不同意变更劳动合同主体的，用人单位不得单方变更。

问答 758 公司以原部门不需要那么多人，以及怕员工无法胜任原工作，将哺乳期员工调岗调薪至前台，如果员工不接受，能否提出离职并且要求公司支付经济补偿？

如果调岗调薪具有合理性，员工提出离职并要求支付经济补偿没有法律依据；如果调岗调薪不具有合理性，劳动者以用人单位未按约定提供劳动条件被迫离职并要求用人单位支付经济补偿有可能获得支持。合理性主要从企业经营需要、薪资及劳动条件有无明显不利变更、新岗位能否胜任、对劳动者生活是否造成实质性影响、是否适当弥补、是否具有惩罚性或侮辱性等方面进行考量。

[①] 《女职工劳动保护特别规定》第五条。
[②] 《女职工劳动保护特别规定》第六条。

问答 759 公司经营不善，宣布解散，已经提前发邮件通知公司全体员工，但是有位
女同事目前怀孕 3 个多月，这种情况应该怎么解决？

用人单位提前解散的，劳动合同终止①，用人单位应当向劳动者支付终止劳动合同
经济补偿。

问答 760 哺乳期员工合同将于 4 月底到期，其哺乳期于 4 月中旬结束，公司不想再
与该员工续签合同，该如何处理？

不清楚双方是第几次签订固定期限劳动合同。如果是第一次签订固定期限劳动合
同，劳动合同到期后，用人单位可以终止劳动合同。

问答 761 怀孕女员工每次都拿着医生开的病假单半个月半个月地休假，怎么办？

用人单位应根据合法有效的病假管理制度对劳动者进行管理，劳动者确实患病需要
休息的，按照病假流程及病假工资发放制度执行；如果劳动者病假存在虚假，应及时查
证，并依法依规做出处理。

问答 762 员工发邮件提出离职，公司也回复邮件表示同意，还没开始办理离职手续，
员工发现自己怀孕，决定不辞职了，公司是否可以不同意她的不离职要求？

这个问题涉及实践中的两个难点问题。一个是电子邮件通知是否属于劳动法意义上
的书面通知，另一个是劳动者递交辞职信未办离职手续前发现怀孕能否撤回。首先，对
电子邮件辞职是否符合《劳动合同法》规定的书面通知用人单位存在争议；其次，即使
被认定为书面辞职，劳动者能否撤销，实践中也存在争议，裁审机关需要根据个案具体
分析，然后决定劳动者是否可以撤销；最后，如果已经办完离职手续，劳动者无权撤回。

问答 763 试用期员工流产，公司想开除她，是否涉及赔偿金问题？

流产不是与劳动者解除劳动合同的法定理由，开除不了；如果非要开除，劳动者要
求继续履行的，应当继续履行劳动合同，所以不涉及赔偿问题；劳动者不要求继续履行

---

① 《劳动合同法》第四十四条。

或者劳动合同无法继续履行的，用人单位应当支付违法解除劳动合同赔偿金。

问答 764 用人单位与孕妇违法解除劳动关系后，除支付经济赔偿金外，还要支付"三期"工资吗?

　　如果用人单位违法解除劳动合同，劳动关系能否被解除的选择权在劳动者，劳动者既可以选择继续履行合同，也可以选择获得违法解除的赔偿金[①]，劳动者要求支付"三期"工资没有法律依据。

问答 765 员工哺乳期结束后，合同尚未到期，公司决定单方面跟员工解除劳动合同，要怎么赔偿员工，是 2N+1 吗?

　　公司单方面解除劳动合同并不一定都要赔偿劳动者，要看是合法解除还是违法解除。如果是合法解除，有的情况下需要支付经济补偿[②]，有的情况下不需要支付经济补偿[③]。如果是违法解除，违法解除后果的选择权在劳动者，劳动者可以选择继续履行劳动合同[④]，此时用人单位根本解除不了，劳动者也可以选择获得违法解除的经济赔偿金，也就是 2N，但《劳动合同法》里并没有 2N+1 这种算法。

问答 766 如何才能合法合理地开除一个怀孕初期的员工?

　　"三期"女职工的行为符合《劳动合同法》第三十九条规定的情形之一的，用人单位才可以合法解除劳动合同。

问答 767 辞退哺乳期员工，如果员工提起诉讼会怎么赔偿?

　　违法解除的后果取决于劳动者，劳动者要求继续履行的，用人单位无法解除劳动合同[⑤]，根本就不涉及赔偿的问题。

[①] 《劳动合同法》第四十八条。
[②] 《劳动合同法》第四十条。
[③] 《劳动合同法》第三十九条。
[④] 《劳动合同法》第四十八条。
[⑤] 《劳动合同法》第四十八条。

问答 768 公司要辞退哺乳期员工，但没有跟员工谈妥，如果公司单方面停薪并停缴
五险一金，员工提起诉讼会造成什么严重后果？

如果用人单位单方解除劳动合同，劳动者依法维权，一旦法院认定用人单位构成违
法解除，劳动者可以选择要求继续履行劳动合同，那么用人单位将无法解除劳动合同；
劳动者也可以选择要求用人单位支付违法解除的赔偿金，也就是所谓的 2N[①]。

问答 769 孕妇提供虚假病假条申请病假，医院已经提供相关证据，公司跟她沟通需
要她给出明确回复，但她一直推脱说自己即将生产，最后双方协商生产后
解决。现在该员工已经生产，如果对方产假后继续上班，是否可以直接按
照公司规章制度解除劳动关系？

劳动者严重违反用人单位规章制度的，用人单位可以依法解除劳动合同，即使怀
孕女职工也不能例外。但是，由于实践情况非常复杂，用人单位应当慎重处理与"三期"
女职工的劳动关系，即使怀孕女职工提供了虚假病假条请病假，也要具体问题具体分析。

问答 770 公司解散，对怀孕员工如何支付？

用人单位提前解散的，应支付给劳动者经济补偿[②]。

问答 771 孕期员工考核不合格，可以辞退吗？公司有考核制度，她也签字了。

不可以，考核不合格属于不胜任工作范畴，不能因为考核不合格就辞退[③]；同时，
用人单位不得依据《劳动合同法》第四十条的规定与"三期"女职工解除劳动合同[④]。

问答 772 如果员工在怀孕初期严重违反公司规定，并且严重影响了公司的运营，可
以根据劳动合同约定解除劳动合同吗？

对于"三期"女职工，用人单位可以按照《劳动合同法》第三十九条的规定解除劳

---

① 《劳动合同法》第四十八条。
② 《劳动合同法》第四十四条、第四十六条。
③ 《劳动合同法》第四十条。
④ 《劳动合同法》第四十二条。

动合同，即"三期"女职工严重违反用人单位的规章制度的，用人单位依据合法有效的规章制度可以解除劳动合同。

问答 773 "三期"期间想要解除劳动合同要给员工多少赔偿金呢？

这是典型的解除误区，千万不要以为给钱就可以解除劳动合同。《劳动合同法》第四十二条第四项规定，女职工在孕期、产期、哺乳期的，用人单位不得依据本法第四十条、第四十一条的规定解除劳动合同。用人单位违法解除"三期"女职工劳动关系的，女职工可以要求继续履行劳动合同或支付违法解除劳动合同赔偿金[①]。

问答 774 店面因经营不善倒闭，对孕期的员工怎么给予补偿以终止劳动合同？

如果是公司解散，双方劳动合同终止，用人单位应支付劳动者经济补偿[②]。店面倒闭也存在安排到其他店面的可能。

问答 775 "三期"女职工主动离职需要赔偿吗？

如果用人单位不存在《劳动合同法》第三十八条规定情形的，劳动者主动辞职用人单位无须支付补偿，与劳动者是否为"三期"女职工无关。

问答 776 哺乳期员工先后两次提供假病假条申请病假，第一次申请 3 周公司批准了，第二次申请 1 个月，公司到医院核实，发现两张病假条都是假的。公司考勤管理办法规定"无正当理由连续旷工三天，视为自动离职，劳动关系自动终止"，奖惩管理办法规定"无正当理由连续旷工三天，给予解除劳动关系处罚"。这种情形下如果员工主张自己的假条是找人开的，但病是真的，可否对抗公司按严重违反规章制度解除劳动合同并不支付经济补偿金？

一般情况下，劳动者提供虚假病假条的，用人单位可以以劳动者严重违纪为由解除劳动合同。解除能否被最终认可，还要看用人单位的规章制度是否合法有效、劳动者提

---

① 《劳动合同法》第四十八条。
② 《劳动合同法》第四十四条、第四十六条。

供虚假病假条的事实是否成立、用人单位的解除程序是否合规等诸多因素。

问答 777 企业要裁掉哺乳期员工该给予什么样的补偿?

用人单位不能对"三期"女职工进行裁员[①]。

问答 778 单位违法解除劳动合同,承诺会赔偿员工,员工签字后发现怀孕,所签署
的协议是否作废了?

该协议是否有效需要根据具体的案情来确定。首先,用人单位无法通过支付经济赔偿金的方式与劳动者强行违法解除劳动合同;其次,如果劳动者签署了解除劳动合同协议书,在不存在欺诈、胁迫、重大误解等情形时,一般情况下劳动者无权要求撤销;最后,劳动者签字后在劳动合同解除前发现自己怀孕,能否撤销,要看具体案情,不能一概而论。

问答 779 收到公司邮件发出的辞退孕妇的通知书,是否可以不用继续上班了?能否拿
邮件辞退通知书直接提起仲裁?

用人单位通过邮件的方式发出的解除劳动合同通知书可以作为用人单位做出解除劳动合同的意思表示,但是其效力较书面解除通知存在缺陷。如果该通知书被认定为有效送达给了劳动者,劳动者可以提起仲裁,主张自己的权利。

问答 780 某怀孕职工 12 月未提交一周的病假手续,但 12 月工资已经全额发放,是
否能以旷工为由将其合法辞退?

不能。劳动者存在真实病情,请假手续存在瑕疵,用人单位应提醒其及时补正,即使没有补正,也未达到解除劳动合同的严重程度,况且用人单位已经发放了全额工资,间接表明对劳动者该种情形的容忍。

问答 781 单位怀孕职工提供的病假条不符合公司规定,公司要求病假条必须有休几
天的字样,她提供的病假条只写了建议休息,没有具体天数,按照公司规

---

① 《劳动合同法》第四十二条。

定不能给予病假，她有超过半个月没来上班，属于旷工。按照我们公司的制度，旷工三天算自动离职，我能给她寄旷工通知书和解除合同通知书吗？

用人单位用工管理不仅要有合法有效的规章制度，还要求具有合理性，行使解除权更需要合法、合理，且有严格的解除流程，而非简单的一纸解除通知，否则稍有不慎会给用人单位带来不必要的麻烦和损失，解雇"三期"女职工更要慎之又慎，根据您描述的情况，解除劳动合同存在风险。

问答 782　单位与女员工协商解除劳动合同，并支付了补偿金，离职手续已办完，之后员工发现已怀孕一个多月，她要求恢复劳动关系，单位不同意，这种情况下，仲裁机关会裁决要求单位恢复劳动关系吗？

双方已经协商解除劳动关系，办理完离职手续，一般情况下不会判决双方恢复劳动关系。

问答 783　女职工休产假期间，公司已经给她上了生育险，还需要给她发放工资吗？

生育津贴按照女职工本人生育当月的缴费基数除以 30 再乘以产假天数计算。生育津贴为女职工产假期间的工资，生育津贴低于本人工资标准的，差额部分由企业补足[①]。

问答 784　公司已经为员工缴纳保险，员工流产，因医保未缴满 10 个月，不能报生育险，这样的情况公司需要发放流产期间工资吗？

女职工婚后怀孕未满 4 个月流产的，享受 15 天产假；怀孕满 4 个月流产的，享受 42 天产假。产假期间如果社保不能报销，产假期间工资由用人单位支付[②]。

问答 785　产妇的产假工资，公司到底可不可以不发？如果没有缴够生育险年限，怎么办？

---

① 《北京市企业职工生育保险规定》第十五条。
② 《女职工劳动保护特别规定》第七条、第八条。

生育津贴是国家法律、法规规定对职业妇女因生育而离开工作岗位期间给予的生活费用。产假工资是指用人单位支付给休产假的劳动者的工资。生育津贴由社会保险机构发放给用人单位，再由用人单位支付给生育职工或者由社会保险机构直接转账给职工。产假工资由用人单位直接发放给职员[①]。职工享受生育津贴前提条件就是单位必须参加生育保险，且部分城市规定必须缴纳生育保险费用满一定年限，如一年。如果用人单位没有参加生育保险，或者没有达到缴费年限，则需发放产假工资。

问答 786 如果员工没有领结婚证但要求休产假怎么办？

可以休产假但不享受产假待遇[②]。

问答 787 一般来说产检假都是：怀孕第 1—6 个月，每个月可享受 1 天假期，用于妊娠确认以及健康培训等；怀孕第 6—7 个月，每个月可享受 1 天假期；怀孕第 8 个月，可享受 2 天假期；怀孕 9 个月以上，可享受 4 天假期，但其中 2 天已包括在预产假中。以上假期都是带薪的吗？

《女职工劳动保护特别规定》第六条规定，怀孕女职工在劳动时间内进行产前检查，所需时间计入劳动时间。该条文没有对产检次数进行限制，即只要是正常、必要的产检，都应该计入劳动时间，不能按病假、事假、产假、旷工等来算。

问答 788 产假怎么来设置，都是按国家规定产前 15 天才开始休吗？可以设置产前 2—3 个月开始休产假吗？因为考虑产前这两个月，产妇的工作输出也不是很好，还不如让员工回家好好休养，安心待产。

国家已经设置好了产假的休假方式，用人单位无权自行设定，关键是您设定了，生育津贴不给报销。

问答 789 产假是否包含国家法定节假日？

---

① 《女职工劳动保护特别规定》第八条。
② 《劳动部工资局复女职工非婚生育时是否享受劳保待遇问题》。

虽然《女职工劳动保护特别规定》未明确规定是否包含国家法定节假日，但按立法原意，产假是按自然日计算的，所以包含了产假期间的法定休息日和法定节假日。

问答 790 女员工要去国外生孩子，在休产假前想请 3 个多月的假，本来她想请事假，但老板不批。她说要拿着国内医院或者国外医生开具的病假条来请，企业有什么应对办法吗？

如果劳动者取得了医院的病休证明要求请病假，用人单位应当批准病假。

问答 791 陪产假工资应怎样核发？

应当按照劳动者正常出勤计发陪产假期间的工资。

问答 792 女职工产假结束后不想回来工作了，联系她也不回信息，公司应该出具怎样的书面文件呢？

用人单位可以向劳动者发出返岗通知书，劳动者无故拒绝返岗的，用人单位可以依据合法有效的规章制度依法对劳动者进行处置。

问答 793 同事产假期满，说自己得了产后抑郁症，申请再休 6 个半月哺乳假，提供了一份三甲医院的门诊诊疗意见书和建议休 14 天的病情处理单，请问公司可以怎么处理？

用人单位可以按医生的建议处理。哺乳假是指女职工产假期满后，因上班存在困难，经用人单位批准后可以享受的假期，仅在一些地方性法规中规定了这一假期。《江苏省女职工劳动保护特别规定》第十七条规定，经本人申请，用人单位批准，女职工可以休不超过 6 个月的哺乳假，待遇不得低于当地最低工资标准的 80%，超过 6 个月的，待遇由双方协商确定。因此，给予女职工哺乳假并非用人单位的法定义务，只能视为用人单位可以自主决定是否给予女职工的福利假期，用人单位当然可以不批准女职工的哺乳假申请。

问答 794 女职工产检有规定每月给几天假吗？

只要有医院证明的产检时间都应当算作劳动时间①。

问答 795 公司一位员工，能力不够，公司也没有她能胜任的岗位。现在她怀孕了，部门经理不想再聘用她，这种情况怎么处理比较好？

用人单位不得以"三期"女职工不胜任工作为由解除劳动合同②。

问答 796 15 天陪产假多长时间休完？

未见具体法律规定，用人单位可以在制度中规定陪产假应在女职工产假期间休完。

问答 797 员工产假没休完，要提前回来上班，公司是否要再发工资？（产假期间的工资由社保局一次性发放）

产假就是给生产女职工的福利待遇，不建议用人单位同意女职工提前回来上班，这个假不单单是给女职工的，也是给婴儿的，女职工不一定有权利放弃这个假。如果女职工非要回来上班，也不存在领两份工资的可能，产假就是不上班也按上班待遇给全工资，即使上班，也是给全工资，上一天班拿两份工资，没有法律依据，经不起推敲。

问答 798 男员工陪产假，北京地区现在是 15 天带薪假吗？可以不批吗？

15 天陪产假是法定带薪假，用人单位无权不批准③。

问答 799 男员工陪产假期间发放本人的工资，那女员工产假期间，公司也发放本人工资吗？

发生育津贴。女职工产假期间的生育津贴，对已经参加生育保险的，按照用人单位上年度职工月平均工资的标准由生育保险基金支付；对未参加生育保险的，按照女职工产假前工资的标准由用人单位支付④。

---

① 《女职工劳动保护特别规定》第六条。
② 《劳动合同法》第四十二条。
③ 《北京市人口与计划生育条例》第十九条。
④ 《女职工劳动保护特别规定》第八条。

问答 800 全国的产假都是 98 天吗？

不是，是 98 天 + 各地延长生育假，北京地区是 98 天 +60 天。

问答 801 有位员工从怀孕 3 个月起就一直休假，产后半年了因身体原因一直不来公司上班。公司有什么可采取的措施吗？可以断缴社保吗？

用人单位应根据合法有效的病假管理制度对劳动者进行管理，如果用人单位制定了完善的病假管理制度，出现劳动者"泡病假"的情况就会减少。劳动关系未终止，用人单位不能停缴劳动者的社保。

问答 802 员工产假里的 98 天正常产假及 60 天延长生育假、15 天难产假、15 天多一胎假，这些全都是按自然日计算吗？

自然日，包括休息日和法定节假日。

问答 803 怀孕女员工考勤造假（有钉钉上下班打卡记录，查看监控未在办公室出现过），造成事实上的旷工，累计超过 15 天，是否可以辞退并不支付补偿金？

劳动者考勤出现异常，应当审慎认定为旷工。经过调查取证，有确凿证据证明劳动者考勤造假的，可以依据合法有效的规章制度对劳动者做出处罚。

问答 804 生育津贴是否计入工资总额核算社保基数？

生育津贴应属特殊情况下支付的工资，属于劳动报酬[①]。

问答 805 劳动关系所在地要求的产假天数低于社保缴纳地要求的产假天数，应该以哪个为准呢？

劳动合同履行地与用人单位注册地不一致的，有关劳动者的最低工资标准、劳动保护、劳动条件、职业危害防护和本地区上年度职工月平均工资标准等事项，按照劳动合同履行地的有关规定执行；用人单位注册地的有关标准高于劳动合同履行地的有关标

---

① 《关于工资总额组成的规定》第十条。

准，且用人单位与劳动者约定按照用人单位注册地的有关规定执行的，从其约定[①]。

问答 806 员工流产（宫外孕）可以申报生育险吗？

《女职工劳动保护特别规定》第八条第二款规定，女职工生育或者流产的医疗费用，按照生育保险规定的项目和标准，对已经参加生育保险的，由生育保险基金支付；对未参加生育保险的，由用人单位支付。

问答 807 女员工延长生育假期间的工资发放可以按照最低工资标准来发吗？

这样做违法。国家规定产假 98 天，北京地区女职工享受延长生育假 60 天，60 天的延长生育假与 98 天的法定产假性质是一样的，均属于产假。女职工产假期间，机关、企业事业单位、社会团体和其他组织不得降低其工资、予以辞退、与其解除劳动或者聘用合同[②]。

问答 808 3 月给济宁员工申报购买社保，但因其有居民医保未停保，导致社保未缴纳成功。公司多次催促员工停掉居民医保，但员工说不能停居民医保，自己怀孕了，到时候没办法报销。请问这种情况下，在员工休产假期间公司可以不发工资吗？

为劳动者缴纳社保是用人单位的法定义务，产假期间用人单位不得减少劳动报酬[③]。如果社保机构无法发放生育津贴，用人单位应当支付产假工资。

问答 809 哺乳期员工合同到期不续签怎么赔偿？还是说必须续签呢？

劳动合同哺乳期内到期的，自动续延至哺乳期结束[④]。

问答 810 男员工配偶生育，可提供医院及结婚证明，给几天护理假（北京地区）？

---

① 《劳动合同法实施条例》第十四条。
② 《女职工劳动保护特别规定》第五条。
③ 《女职工劳动保护特别规定》第五条。
④ 《劳动合同法》第四十五条。

在北京地区，劳动者生育的，其配偶依法享有 15 天的陪产假[①]。

问答 811 在深圳地区，女员工违反计划生育政策，可以享受产假和产假期间的津贴吗？

女职工违反计划生育政策生育的，可以休假但无法享受生育津贴。

问答 812 如果计算经济补偿金期间涉及产假那四个月的收入，是按基本工资还是生育津贴算呢？（注：生育津贴高于工资）

生育津贴即为产假期间的工资[②]，计算经济补偿基数时应当包括产假期间的生育津贴。

问答 813 我们公司有个员工试用期间未婚先孕，后又流产了。那让她休半个月假就好了，是吗？还要不要做点别的，避免其他问题？是需要她开具医院的病假单才有效，还是默认休 15 天？

根据《女职工劳动保护特别规定》第七条第二款的规定，女职工怀孕未满 4 个月流产的，享受 15 天产假；怀孕满 4 个月流产的，享受 42 天产假。劳动者违反计划生育政策生育的，可以请假，但不享受产假待遇[③]。

问答 814 怀孕女职工休假期间工资如何发放？

怀孕女职工休假期间工资按照合法有效的公司规定发放，事假发事假工资，病假发病假工资。

问答 815 公司想要休产假的员工提前回公司上班，未休的产假天数以后可以补休吗？

女职工产假须在其生产的特定时间段内休完，这是法定假，用人单位无权要求劳动者提前回公司上班。

问答 816 员工因怀孕请病假到孩子出生，这期间工资怎么发？

---

① 《北京市人口与计划生育条例》第十九条。
② 《北京市企业职工生育保险规定》第十五条。
③ 《劳动部工资局复女职工非婚生育时是否享受劳保待遇问题》，可参考案例（2018）粤 01 民终 13765 号。

按照用人单位合法有效的病假管理制度规定核发劳动者的病假工资至产假开始。

问答 817 请问生二胎产假是多少天？

生育多胞胎的，每多生育 1 个婴儿，增加产假 15 天。此外，劳动者生二胎的产假和生一胎并无区别。

问答 818 如果第二次签订的劳动合同在员工哺乳期间到期的，劳动合同自动续延到哺乳期结束吗？

哺乳期间劳动合同到期的，合同期限自动续延到哺乳期结束之日；第二次固定期限劳动合同到期能否终止取决于劳动者是否同意，劳动者不同意的，无法终止[①]。

问答 819 如果哺乳假合并在一次休完，那她的哺乳期是算到合并哺乳假结束的时间还是小孩 1 周岁的时候？

女职工的哺乳期截止到婴儿满 1 周岁[②]，哺乳期是一个固定的时间概念，就是到婴儿满 1 周岁结束。

问答 820 男方陪产假受试用期限制吗？能按员工意愿分开休吗？

男方陪产假不受试用期限制，一般应该按照用人单位的规定请休。

问答 821 员工产假休完后，说自己病了，又休了一个月病假，病假之后还是不回公司上班，这种情况如何处理？

劳动者请休病假应当按照用人单位合法有效的规定履行请假手续，当然，用人单位有权按照该规定对劳动者实施劳动用工管理。

问答 822 与员工在孕期解除劳动关系，支付经济补偿金至哺乳期满，可以吗？

用人单位解除劳动合同应当有法定理由，否则可能构成违法解除；对于"三期"女

---

① 《劳动合同法》第十四条。
② 《女职工劳动保护特别规定》第九条。

职工，劳动法对用人单位与其解除劳动合同作了限制①，建议用人单位谨慎操作。

问答 823 ┃ 分公司要注销，分公司里有员工已怀孕，如何补偿？

如果是分公司与劳动者直接签订的劳动合同，分公司注销的，应当与劳动者终止劳动合同②；如果是总公司派劳动者到分公司工作，分公司注销被认定为客观情况发生重大变化导致劳动合同无法履行，用人单位不得与"三期"女职工解除劳动合同③。

问答 824 ┃ 产假期间，按月考核的员工的绩效工资是否需要发放？

在北京地区，劳动者产假期间享受生育津贴待遇，用人单位无须再行支付工资，当然，生育津贴低于劳动者正常工资标准的，用人单位应当将差额补给劳动者④。

问答 825 ┃ 对奖励产假公司可以不执行吗？

用人单位应当遵守所在地的各项政策规定。

问答 826 ┃ 异地工作的女员工，休产假应该按公司所在地标准还是员工工作地标准？

劳动合同履行地与用人单位注册地不一致的，有关劳动者的最低工资标准、劳动保护、劳动条件、职业危害防护和本地区上年度职工月平均工资标准等事项，按照劳动合同履行地的有关规定执行；用人单位注册地的有关标准高于劳动合同履行地的有关标准，且用人单位与劳动者约定按照用人单位注册地的有关规定执行的，从其约定⑤。

问答 827 ┃ 未婚女性可以休产假吗？

女职工非婚生育时，不能按照《劳动保险条例》的规定享受生育待遇。其需要休养的时间不应发给工资。对于生活有困难的，可以由企业行政方面酌情给予补助⑥。

---

① 《劳动合同法》第四十二条。
② 《劳动合同法》第四十四条。
③ 《劳动合同法》第四十二条。
④ 《北京市企业职工生育保险规定》第十五条。
⑤ 《劳动合同法实施条例》第十四条。
⑥ 《劳动部工资局复女职工非婚生育时是否享受劳保待遇问题》。

| 问答 828 | 北京陪产假带薪吗? 是由企业支付还是社保支付?

北京地区,机关、企业事业单位、社会团体和其他组织的女职工,按规定生育的,除享受国家规定的产假外,享受延长生育假六十天,男方享受陪产假十五天。男女双方休假期间,机关、企业事业单位、社会团体和其他组织不得将其辞退、与其解除劳动或者聘用合同,工资不得降低①。陪产假是带薪假期,工资由用人单位支付。

| 问答 829 | 二胎的产假只有 98 天吗?

法定产假为 98 天,每多生一胎增加 15 天。对于产假天数,一胎和二胎没有区别,各地方另有奖励产假的规定。

| 问答 830 | 公司新招了一名女职工,其正处于哺乳期,试用期内是否要正常给予哺乳假?

对哺乳未满 1 周岁婴儿的女职工,用人单位不得延长劳动时间或者安排夜班劳动。用人单位应当在每天的劳动时间内为哺乳期女职工安排 1 小时哺乳时间;女职工生育多胞胎的,每多哺乳 1 个婴儿每天增加 1 小时哺乳时间②。法律并没有排除试用期女职工享受该项权利。

| 问答 831 | 女职工在家休息期间意外流产,单位该如何做?

女职工流产的,用人单位应依法准许其休产假。

| 问答 832 | 员工今年休产假 158 天和年假 5 天。这 5 天年假还能正常休吗?

年假不受产假影响。产假系为维护女职工身体健康因女职工生产而享有的假期;年假系为维护职工休息休假权利而给予全体劳动者的带薪假期。二者相互独立没有交集。

| 问答 833 | 女职工哺乳期,从婴儿生产之日起算,满 12 个月截止吗?

哺乳期为一年,即从婴儿出生之日算起,到满一周岁③。

---

① 《北京市人口与计划生育条例》第十九条。
② 《女职工劳动保护特别规定》第九条。
③ 《女职工劳动保护特别规定》第九条。

问答 834 哺乳假能延长吗？网上有文章说哺乳期赶上夏季，可以延长一个月至两个月，有法律依据吗？

女职工哺乳婴儿满周岁后，一般不再延长哺乳期。如果婴儿身体特别虚弱，经医务部门证明，可将哺乳期酌情延长。如果哺乳期时正值夏季，也可延长 1—2 个月[①]。

问答 835 员工产假结束，依然不来上班，请问这时候让她办理离职手续，合理吗？

用人单位应根据合法有效的规章制度处理，同时应尽到管理职责，管理≠解除。

问答 836 对于员工生育保险的钱，公司要求员工上班了才能给，这样违法吗？员工休产假没写假条，这样算旷工吗？

劳动者是否上班不是发放产假津贴的前提条件，用人单位应及时发放产假津贴。产假属于法定假期，劳动者没有提交假条不能算旷工。

问答 837 社保生育津贴发放后，比实际收入低，不足部分由公司支付，但是公司薪酬结构是基本工资＋绩效工资，可否按基本工资来补足？

生育津贴按照女职工本人生育当月的缴费基数除以 30 再乘以产假天数计算。生育津贴为女职工产假期间的工资，生育津贴低于本人工资标准的，差额部分由企业补足[②]。这里的工资指的是劳动者本人工资，没有区分基本工资和绩效工资，一般理解为劳动者的应得工资。

问答 838 男方公司没有时间休陪产假，想把陪产假转给女方，女方单位有权拒绝吗？法律有明文规定吗？

夫妻双方经所在机关、企业事业单位、社会团体和其他组织同意，可以调整延长生育假、育儿假的假期分配。女方自愿减少延长生育假的，男方享受的陪产假可以增加相应天数；夫妻双方享受的育儿假合计不超过十个工作日[③]。北京地区仅就女方自愿减少延

---

① 《女职工劳动保护规定问题解答》第十五条。
② 《北京市企业职工生育保险规定》第十五条。
③ 《北京市人口与计划生育条例》第十九条第四款。

长生育假，男方陪产假相应增加作出规定，男方将陪产假调剂给女方没有依据。

| 问答 839 | 我招了一名员工，入职体检还没交给我，但刚满一个月就发现她怀孕了，请问要怎么处理？

不知道您要处理什么？如果"处理"是指解除劳动合同，那就需要格外慎重。《劳动合同法》第四十二条规定，女职工在孕期、产期、哺乳期内的，用人单位不得根据《劳动合同法》第四十条、第四十一条解除劳动合同。也就是说，女职工在"三期"内的，用人单位不得因劳动者不胜任工作、医疗期届满、客观情况发生重大变化或者经济性裁员单方面解除劳动合同。当孕期、产期、哺乳期女职工出现《劳动合同法》第三十九条规定的情形时，用人单位当然可以依法与其解除劳动合同。除了依据第三十九条，用人单位和劳动者协商解除劳动合同，法律也不禁止。

| 问答 840 | 解除怀孕员工怎么赔偿？

为什么要解除怀孕员工？如果是怀孕女职工违反了《劳动合同法》第三十九条的规定被解除的，单位不需要赔偿。除此之外，法律给予"三期"女职工解雇保护，用人单位不得依据《劳动合同法》第四十条、第四十一条与怀孕女职工解除劳动合同[1]。

---

① 《劳动合同法》第四十二条。

第十章

经济补偿与赔偿问答

| 问答 841 | 补偿金扣税标准是多少？

《财政部、国家税务总局关于个人所得税法修改后有关优惠政策衔接问题的通知》第五条规定，个人与用人单位解除劳动关系取得一次性补偿收入（包括用人单位发放的经济补偿金、生活补助费和其他补助费），在当地上年职工平均工资 3 倍数额以内的部分，免征个人所得税；超过 3 倍数额的部分，不并入当年综合所得，单独适用综合所得税率表，计算纳税。

| 问答 842 | 和公司首次签订劳动合同，如果合同到期公司不续签，公司要给 N+1 的经济补偿吗？

经济补偿按劳动者在本单位工作的年限，每满一年支付一个月工资的标准向劳动者支付。六个月以上不满一年的，按一年计算；不满六个月的，向劳动者支付半个月工资的经济补偿①。

| 问答 843 | 解除劳动关系的经济补偿金最多是 12 个月工资吗？

《劳动合同法》第四十七条规定，劳动者月工资高于用人单位所在直辖市、设区的市级人民政府公布的本地区上年度职工月平均工资三倍的，向其支付经济补偿的标准按职工月平均工资三倍的数额支付，向其支付经济补偿的年限最高不超过十二年。对于劳动者工资未超过上述标准的，没有 12 个月的限制。

| 问答 844 | 单位不与员工签订劳动合同，也不给员工缴纳社保，8 个月后劳动者没有

---

① 《劳动合同法》第四十七条。

以《劳动合同法》第三十八条为由辞职，而是以自己身体不适辞职。请问能不能要求双倍工资差额及 1 个月工资额的经济补偿金呢？

在仲裁时效内，劳动者可以要求用人单位支付未签订书面劳动合同二倍工资差额；因为离职时的原因是身体不适，不是被迫离职（未缴纳社保），要求经济补偿可能不会获得支持[①]。

问答 845 劳动合同到期终止还需要支付经济补偿吗？

《劳动合同法》第四十六条规定，除用人单位维持或者提高劳动合同约定条件续订劳动合同，劳动者不同意续订的情形外，依照本法第四十四条第一项规定终止固定期限劳动合同的，应向劳动者支付经济补偿。

问答 846 员工在公司正常离职后去其他公司工作过一段时间，后来又回到我公司工作，现在涉及劳动合同到期终止，请问经济补偿金期限计算是按后一段计算还是前后两段合并计算？

经济补偿按劳动者在本单位的连续工作时间计算。

问答 847 员工一直在甲公司上班，原属于乙公司派遣到甲公司，后转为外包制，与丙公司签订劳动合同。现合同终止，核算合同终止赔偿金时，员工在乙公司的司龄需要计入吗（公司并未承诺承认派遣阶段的司龄）？

如果劳动者持续在甲公司工作，劳动合同终止的，甲公司应当连续计算工作年限。

问答 848 单位因停产与员工解除劳动合同，某员工 1998 年入职，月薪 3000 元，经济补偿金是按实际工作年限计算还是从 2008 年开始计算？

按照劳动者在本单位的工作年限计算[②]。

问答 849 经济性裁员情况下，对于员工 2008 年 1 月 1 日以前的在职阶段，需要支

---

① 《劳动合同法》第三十八条。

② 《劳动合同法》第九十七条。

付经济补偿金吗？

经济性裁员自劳动者入职之日起计算工作年限 [1]。

| 问答 850 | 《浙江省企业工资支付管理办法》没有具体规定工资支付周期，企业和员工口头约定第三个月开始支付第一个月工资。公司按此约定每月支付，无间断，一直延续十年多，员工对支付方式无异议，现在员工离职以公司拖欠工资为由要求支付赔偿金，合理吗？

工资支付周期为月，用人单位也可以和劳动者约定按周、日、小时结算工资 [2]。员工离职以公司拖欠工资为由要求支付经济补偿符合法律规定 [3]。

| 问答 851 | 劳动合同终止补偿和解除补偿有什么区别？

劳动合同终止或解除，用人单位需要支付经济补偿的，均应按照《劳动合同法》第四十七条的规定计算具体的数额。解除的经济补偿，2008 年 1 月 1 日之前和之后分段计算。终止的经济补偿，从 2008 年 1 月 1 日起开始计算，2008 年 1 月 1 日之前的工作年限不计算在终止劳动合同经济补偿的工作年限里。

| 问答 852 | 员工入职不到一周，还没有签订劳动合同，现公司因部门裁员要裁掉该员工，要支付半个月经济补偿金吗？

用人单位裁减人员的，应当符合《劳动合同法》第四十一条、第二十一条的规定，并支付劳动者经济补偿 [4]。

| 问答 853 | 劳动合同到期，单位提前一个月通知员工不续签，需要支付经济补偿吗？（注：签订的劳动合同上写明了提前一个月可终止劳动合同）

劳动合同到期，用人单位通知不续签的，应当支付经济补偿 [5]。

---

[1] 《劳动合同法》第四十一条、第四十六条。
[2] 《工资支付暂行规定》第七条。
[3] 《劳动合同法》第三十八条。
[4] 《劳动合同法》第四十六条。
[5] 《劳动合同法》第四十四条、第四十六条。

问答 854　一家公司有 A、B 两家分公司，A、B 分公司是非独立核算的，A 分公司
打算不做了，把人员安排到 B 分公司，如果员工不去，能得到补偿吗？（注：
合同是跟 A 分公司签订的）

依法领取营业执照的分支机构可以与劳动者订立劳动合同，至于用人单位是否有权
调岗或变更劳动合同，需要根据双方约定和具体情况具体判断。如果没有约定，该种行
为被认定为客观情况发生重大变化的，劳动者不去 B 分公司，用人单位解除劳动合同
的应当支付经济补偿①。

问答 855　加班费计入经济补偿金计算基数吗？

经济补偿的计算基数是解除劳动合同前 12 个月劳动者的平均工资②，加班工资计入
劳动者的平均工资里，因此加班费计入经济补偿的计算基数。

问答 856　员工达到法定退休年龄，社保未缴满 15 年，公司以员工达到法定退休年
龄为由终止合同，是否需要进行经济补偿？

劳动者开始依法享受基本养老保险待遇的，劳动合同终止③；劳动者达到法定退休
年龄的，劳动合同终止④；该种情形终止劳动合同的，用人单位无须支付经济补偿。

问答 857　劳动者被单位两次安排和新用人单位签订劳动合同，原用人单位两次均未
支付经济补偿金，劳动者是否有权将所有的工作年限连续计算，还是只
能追溯至上一次的年限？

《最高人民法院关于审理劳动争议案件适用法律问题的解释（一）》第四十六条第一
款规定："劳动者非因本人原因从原用人单位被安排到新用人单位工作，原用人单位未支
付经济补偿，劳动者依据劳动合同法第三十八条规定与新用人单位解除劳动合同，或者
新用人单位向劳动者提出解除、终止劳动合同，在计算支付经济补偿或赔偿金的工作年

---

① 《劳动合同法》第四十条、第四十六条。
② 《劳动合同法》第四十七条。
③ 《劳动合同法》第四十四条。
④ 《劳动合同法实施条例》第二十一条。

限时，劳动者请求把在原用人单位的工作年限合并计算为新用人单位工作年限的，人民法院应予支持。"这里的原用人单位并没有限定是上一家用人单位。

问答 858 我公司想在合同期内辞退员工，赔偿方案是 N+1 还是 2N，具体是怎么界定的？

所谓的 N 指的是经济补偿，1 指的是代通知金，2N 指的是违法解除的经济赔偿金，不同的情况对应不同的标准。违法解除的后果可能是根本无法解除劳动合同，所以劳动者不是想辞退就可以辞退的。

问答 859 若员工在休长病假后与用人单位终止劳动合同，经济补偿金的计算是以其离职前 12 个月的平均工资作为基数，还是以其正常工作期间前 12 个月的平均工资作为基数？

《劳动合同法》第四十七条第三款规定，本条所称月工资是指劳动者在劳动合同解除或者终止前 12 个月的平均工资。对于是否包括病假工资，实践中观点不一，有主张按照正常工作期间的平均工资为基数的，也有主张按解除前 12 个月的平均工资为基数的。

问答 860 补偿金月工资标准是合同终止前 12 个月的平均工资，这里的工资包含哪些内容？工资、奖金、补贴、福利都算吗？独生子女费、卫生费算吗？

劳动合同解除前 12 个月的平均工资，包含工资、奖金、补贴、福利等与工资有关的全部收入[①]。独生子女费与劳动报酬无关，不属于劳动报酬。用人单位应当为在职女职工每人每月发放不低于 35 元的卫生费，所需费用，企业从职工福利费中列支[②]，卫生费系福利性质，属于工资总额组成部分。

问答 861 按照前 12 个月的平均工资计算经济补偿金时，该平均工资是否应为每月扣除病事假以后的税前工资？

---

① 《关于工资总额组成的规定》第四条。
② 《河南省女职工劳动保护特别规定》第九条。

这里的工资指应得工资。

问答 862 | 北京的员工，服务期不到 1.5 年，离职补偿金是要支付 2 个月的工资还是 1.5 个月的工资？

经济补偿按劳动者在本单位工作的年限，每满一年支付一个月工资的标准向劳动者支付。六个月以上不满一年的，按一年计算；不满六个月的，向劳动者支付半个月工资的经济补偿[①]。

问答 863 | 支付经济补偿的年限最高不超过十二年适用所有劳动者，还是只适用月工资高于社会职工平均月工资三倍的劳动者？

《劳动合同法》第四十七条第二款规定，劳动者月工资高于用人单位所在直辖市、设区的市级人民政府公布的本地区上年度职工月平均工资三倍的，向其支付经济补偿的标准按职工月平均工资三倍的数额支付，向其支付经济补偿的年限最高不超过十二年。

问答 864 | 计算经济补偿金基数时住宿补贴需不需要加进去呢？

如果是按月以现金方式支付的补贴，一般要计入基数[②]；如果采用报销的方式，一般不计入工资基数。

问答 865 | 员工工资高于社会职工平均工资三倍，只能按社会职工平均工资三倍计算补偿吗？

劳动者月工资高于用人单位所在直辖市、设区的市级人民政府公布的本地区上年度职工月平均工资三倍的，向其支付经济补偿的标准按职工月平均工资三倍的数额支付，向其支付经济补偿的年限最高不超过十二年[③]。

问答 866 | 公司搬家，员工可以不同意并索取赔偿吗？如果有赔偿，是怎么计算的？

---

① 《劳动合同法》第四十七条。
② 《关于工资总额组成的规定》第四条。
③ 《劳动合同法》第四十七条。

一般情况下，用人单位搬迁的，如果给劳动者生活造成实质性影响且未采取相应补救措施的，视为客观情况发生重大变化导致劳动合同无法履行，用人单位与劳动者协商变更劳动合同；未达成协议的，用人单位可以解除劳动合同，按照工作年限每满一年支付一个月的经济补偿金和代通知金[①]；如果公司搬家没有给劳动者的生活造成实质性影响，劳动者应当服从。

问答 867 劳动者在一个用人单位连续工作 13 年，但用人单位在此期间变更了性质，即由独资企业变更为合伙企业，请问劳动者解除劳动关系后的经济补偿金如何计算？

经济补偿按照劳动者在本单位的工作年限计算，用人单位变更企业形式不影响工作年限的计算[②]。

问答 868 辞退试用期员工需要支付经济补偿吗？

用人单位与劳动者解除劳动合同需要根据解除事由来判断是否支付经济补偿，《劳动合同法》第四十六条列举了 7 种情形下用人单位应当向劳动者支付经济补偿；用人单位依据《劳动合同法》第三十九条解除劳动合同就不需要支付经济补偿。

问答 869 支付的代通知金是前 1 个月的税前工资，经济补偿和赔偿金是前 12 个月的税后工资，我这样理解对吗？

经济补偿的标准为解除劳动合同前 12 个月的月平均工资乘以劳动者在本单位的工作年限[③]，代通知金的标准为劳动合同解除前 1 个月劳动者的工资[④]，这里提到的工资都是应得工资[⑤]。

---

① 《劳动合同法》第四十条、第四十六条。
② 《劳动合同法》第四十七条。
③ 《劳动合同法》第四十七条。
④ 《劳动合同法实施条例》第二十条。
⑤ 《北京市高级人民法院、北京市劳动人事争议仲裁委员会关于审理劳动争议案件法律适用问题的解答》第二十一条。

问答 870 计算经济补偿时的前十二个月的平均工资，病假期包含在内吗？

计算经济补偿前十二个月平均工资是否应当将病假期间的病假工资剔除，实践中存在争议，有的裁判者认为包含，有的则认为是正常工资，不含病假工资，这个需要查看当地的政策规定。从字面意思上看就是解除前十二个月的平均工资，把解除前十二个月的工资加起来除以十二，而不问是正常工资还是病假工资。

问答 871 我们单位有位员工前两年是跟派遣公司签的合同，实际用工单位是我们公司，之后正式和我们公司签订合同，协商一致离职核算补偿金时，前两年的工龄计算在内吗？

两年前终止劳动关系时如果劳务派遣公司支付了经济补偿，这两年的工龄不累计计算；如果没有支付经济补偿，要从劳动者是如何由劳务派遣用工转化为直接用工的、三方是否对此有过约定、劳动者为何从派遣公司离职等因素来考虑，不宜一概而论。

问答 872 首次劳动合同到期解约，公司用给劳动者补偿金吗？

除用人单位维持或者提高劳动合同约定条件续订劳动合同，劳动者不同意续订的情形外，依照《劳动合同法》第四十四条第一项规定终止固定期限劳动合同的，用人单位应当向劳动者支付经济补偿[1]。

问答 873 员工在公司工作 2 年零 1 个月，解聘时需要支付多少经济补偿？

用人单位解除劳动合同是否需要支付经济补偿，需要根据具体的解除事由判断。如果要支付经济补偿的，工龄 2 年零 1 个月，按照 2.5 个月的工资标准支付经济补偿[2]。

问答 874 签订以完成一定任务为期限的劳动合同，任务完成后提前一个月告知员工终止劳动合同，就不用给补偿金了吧？

以完成一定工作任务为期限的劳动合同因任务完成而终止的，用人单位应当依照

---

① 《劳动合同法》第四十六条。
② 《劳动合同法》第四十七条。

《劳动合同法》第四十七条的规定向劳动者支付经济补偿[①]。

问答 875 计算补偿金时，前 12 个月的月均工资，应该按应发工资还是实发工资计算？

补偿金的计算标准为劳动者离职前 12 个月的平均工资[②]，这里的工资指的是应得工资[③]。

问答 876 试用期未被证明不符合录用条件，公司违法辞退，补偿还是双倍吗？

用人单位违反《劳动合同法》规定解除劳动合同的，应当向劳动者支付赔偿金[④]。

问答 877 经济补偿金是从员工实习期开始算还是从劳动合同签订开始算？

从建立劳动关系之日起开始计算其工作年限。

问答 878 离职补偿金是按照什么标准计算的，都包括哪些项目？

经济补偿按劳动者在本单位工作的年限，每满一年支付一个月工资的标准向劳动者支付。六个月以上不满一年的，按一年计算；不满六个月的，向劳动者支付半个月工资的经济补偿[⑤]。

问答 879 如果员工已经旷工 2 天，公司要解除劳动合同，是否需要支付补偿金呢？

用人单位单方解除劳动合同是否需要支付经济补偿取决于解除是否合法，解除是否合法取决于多种因素，如劳动者的行为、用人单位的解除依据、解除行为是否符合程序要求。单凭旷工 2 天判断解除劳动合同是否合法非常困难。

问答 880 员工工龄有 30 年，是按实际工龄计算经济补偿还是按 12 年封顶来计算？

解除劳动合同前 12 个月的工资超过用人单位所在直辖市、设区的市级人民政府公

[①] 《劳动合同法实施条例》第二十二条。

[②] 《劳动合同法》第四十七条。

[③] 《北京市高级人民法院、北京市劳动人事争议仲裁委员会关于审理劳动争议案件法律适用问题的解答》第二十一条。

[④] 《劳动合同法》第四十八条。

[⑤] 《劳动合同法》第四十七条。

布的本地区上年度职工月平均工资三倍的才会涉及封顶①。封顶与劳动者的平均工资有关，与工龄长短无关，不是工龄超过 12 年就封顶。

问答 881 | 离职补偿金是不是最多给 12 个月？

补偿金按劳动者在本单位工作年限，每满一年补偿一个月工资的标准支付，一个月工资是指劳动合同解除前十二个月的平均工资，只有平均工资超过用人单位所在直辖市、设区的市级人民政府公布的本地区上年度职工月平均工资三倍时才会封顶十二个月，否则有一年工龄就算一个月的经济补偿②。

问答 882 | 公司确实经营困难，一点业务也没有，所以想减员增效，和员工提出解除合同，这种情况可以按照北京市最低工资标准给补偿金吗？

不可以。经济补偿按劳动者在本单位工作的年限，每满一年支付一个月工资的标准向劳动者支付。六个月以上不满一年的，按一年计算；不满六个月的，向劳动者支付半个月工资的经济补偿。劳动者月工资高于用人单位所在直辖市、设区的市级人民政府公布的本地区上年度职工月平均工资三倍的，向其支付经济补偿的标准按职工月平均工资三倍的数额支付，向其支付经济补偿的年限最高不超过十二年。月工资是指劳动者在劳动合同解除或者终止前十二个月的平均工资③。

问答 883 | 什么情况下解除劳动合同不用支付经济补偿金？

以下情况解除劳动合同不用支付经济补偿：（一）劳动者任意性解除（依据《劳动合同法》第三十七条，非依据《劳动合同法》第三十八条被迫离职）；（二）劳动者存在过错情况下用人单位依据《劳动合同法》第三十九条解除劳动合同；（三）劳动者提出双方协商一致解除劳动合同④。

---

① 《劳动合同法》第四十七条。
② 《劳动合同法》第四十七条。
③ 《劳动合同法》第四十七条。
④ 《劳动合同法》第三十六条。

问答 884 《劳动合同法》第三十八条规定，用人单位未及时足额支付劳动者劳动报酬的，劳动者有权解除劳动合同。劳动者以此解除劳动合同后，用人单位在仲裁前或仲裁过程中补发了工资，在北京，此时是否支持支付经济补偿金的主张？

用人单位在仲裁前或仲裁过程中补发工资不影响劳动者被迫辞职的性质，用人单位应当支付劳动合同解除的经济补偿[①]。

问答 885 公司外包了很多项目，有些项目因和甲方不再合作了，公司就把员工安排到其他项目中去，福利待遇肯定比之前差，如果员工不愿意去，公司是否应支付补偿金？

用人单位应根据双方约定对劳动者进行管理，用人单位是否需要支付经济补偿，要看用人单位是否存在支付补偿金的法定情形。将劳动者安排到其他项目上，如果福利待遇降低，可能涉嫌变更劳动合同约定条件，用人单位应当和劳动者协商一致，用人单位单方变更的，劳动者有可能被迫辞职，如果被迫辞职获得认可，用人单位应当支付经济补偿。

问答 886 经济补偿金的发放有规定具体期限吗？

劳动者应当按照双方约定，办理工作交接。用人单位依照《劳动合同法》有关规定应当向劳动者支付经济补偿的，在办结工作交接时支付[②]。

问答 887 依照《劳动合同法》第三十八条和第四十六条的规定，用人单位未及时足额支付劳动报酬、未依法为劳动者缴纳社会保险的，劳动者可以解除劳动合同，用人单位应依法支付经济补偿金。如果用人单位因经营困难少发工资，此时是否仍需要支付经济补偿金？

用人单位经营困难不是少发工资的法定理由，劳动者以用人单位未足额支付劳动报

---

① 《劳动合同法》第四十六条。
② 《劳动合同法》第五十条。

酬为由解除劳动合同的，用人单位需要支付经济补偿[①]。

问答 888 员工从原单位内退到了我公司，我公司和他签订了劳动合同。由于他在原单位缴纳保险，我们并没有给他缴纳保险，这种情况下解除劳动合同需要补偿吗？

解除劳动合同是否需要支付经济补偿需要看解除的事由。内退劳动者由原单位缴纳社保的情况下，以现单位未依法为其缴纳社保为由被迫辞职并主张经济补偿，一般不会得到支持。

问答 889 员工自 1996 年开始在相互关联公司连续工作，至今已累计 22 年，与现任职的单位签订的是 5 年期劳动合同，现单位因环保问题被责令关闭，其经济补偿金是只用计算在本单位工作的这 5 年吗？

劳动者非因本人原因从原用人单位被安排到新用人单位工作的，劳动者在原用人单位的工作年限合并计算为新用人单位的工作年限。原用人单位已经向劳动者支付经济补偿的，新用人单位在依法解除、终止劳动合同计算支付经济补偿的工作年限时，不再计算劳动者在原用人单位的工作年限[②]。

问答 890 用人单位因被责令关闭与劳动者解除合同的，对 2008 年 1 月 1 日之前的工龄要支付经济补偿金吗？

如果是与劳动者解除劳动合同的，计算经济补偿时，之前的工龄应计算在内；如果是与劳动者终止劳动合同，经济补偿从 2008 年 1 月 1 日起算[③]。

问答 891 试用期内以不符合录用条件解除合同，需要支付经济补偿金吗？

如果确实属于不符合录用条件，用人单位可以依法解除劳动合同，无须支付经济补偿。但是需要注意，根据《劳动合同法》第三十九条的规定，用人单位需要证明劳动者

---

① 《劳动合同法》第四十六条。
② 《劳动合同法实施条例》第十条。
③ 《劳动合同法》第九十七条。

不符合录用条件，如果没有足够的证据证明，用人单位不能简单声称劳动者在试用期不符合录用条件就解除合同，否则可能被劳动者主张违法解除，从而支付违法解除劳动合同的经济赔偿金等。

问答 892 我司实习生协议于 6 月 30 日到期，但至 7 月 21 日入职流程还没有走完，也没有签署劳动合同，如果不打算用这名员工，工资是按照实习工资发还是按照正式员工工资发？

不清楚您的实习协议是如何约定的，对实习协议到期后双方的权利义务是否也作出了安排。如果抛开实习协议不说，劳动者于 7 月 1 日入职，用人单位应当在 30 天内签订书面的劳动合同[①]，这样的话，就符合法律规定。工资标准按照单位和劳动者的约定来确定。通常在没有签订劳动合同的时候，按照双方的 offer 来确定。如果实习协议上有工资标准，也可以参照实习协议中工资标准的约定来确定。

问答 893 单位和员工签订一年期固定期限合同，到期后，双方没有续签第二份合同，员工办离职交接时，需不需要向员工支付一个月的工资作为经济补偿金呢？

单位需要向劳动者支付经济补偿，除非单位证明在维持或者提高劳动条件的情况下，劳动者拒绝续签[②]。

---

① 《劳动合同法》第十条。
② 《劳动合同法》第四十六条第五项。

第十一章

规章制度管理问答

问答 894 员工办理请假手续后去别的单位上班了，企业享有怎样的权利？

按照劳动合同的约定或者《员工手册》的规定处理，当然，用人单位的劳动合同或者规章制度中也不会有这么详细的约定，但在最终的处理上，还是得落脚在规章制度或者是劳动合同的约定上。如果劳动者请病假后到别的单位上班，劳动者请病假显然是不真实的，劳动者的行为存在欺诈嫌疑，用人单位可以依据规章制度进行处理；如果劳动者请事假到别的单位上班，劳动者的行为违背了作为劳动者应当具备的职业道德，当然也可能涉嫌不诚信，用人单位可以依据《劳动法》第三条的规定进行处理。

问答 895 员工不按点上班，总是晚于公司规定的时间上班；试用期考核表晚于规定时间提交，一再提醒仍不配合执行，这种情况怎么处理呢？

这种情况下，用人单位想要合法解除劳动合同首先要有一套程序和实体都合法的规章制度且送达劳动者，并依据规章制度的规定对劳动者进行处理，如该警告的警告，该严重警告的严重警告，依据制度规定达到解除条件的，可以解除，注意保留相关证据。

问答 896 关于节假日期间安排员工在单位值班（不是正常上班，但是有按时到岗要求），有没有相关的法律规定，还是由企业自行规定？

值班的相关制度由企业自行规定。

问答 897 我单位一位员工春节请假 14 天，领导审批通过了 4 天，剩余 10 天领导拒批，这种情况按照考勤制度算旷工，应如何处理？我单位销售员工提前两周放假，副经理提前一周放假。现在她说她不是副经理，可以提前两周放假。我们单位当初没有公布任命，能否以通讯录和工资做证，证明其待遇是按照副经理待遇发放的?

对于旷工的劳动者应当严格按照经公示送达的相关有效制度进行处理。劳动者的职级应当在劳动合同中约定,获得升职的劳动者应当经公司程序公布,仅以工资等证明劳动者职级存在一定风险。

问答 898 | 员工转岗时签的岗位说明书没有留存签字版,公司是否有权要求员工补
签? 员工是否有权拒绝补签? 财年初,公司与员工签订了绩效奖金办法
(规定目标销售额),没有约定其他 KPI(关键绩效指标),在同一个财年内,
公司是否还有权要求与员工另行约定 KPI(如拜访次数等)? 员工是否有
权拒绝协商和签订新的 KPI?

劳动者有权拒绝签收用人单位的任何文件,用人单位并无强制劳动者签字的权利。公司是否还有权要求与员工另行约定 KPI 需要根据具体变更或增加的内容确定,如果涉及劳动者切身利益的,应经劳动者同意①;如果属于用人单位用工自主权范畴的,劳动者应当遵守用人单位的劳动用工管理。

问答 899 | 员工旷工 1 天,可以扣 3 天的工资吗?《员工手册》是这么规定的,但是
实际可以这样操作吗?

劳动者旷工的,用人单位可以扣发旷工当天的工资,多扣工资没有法律依据。

问答 900 | 公司目前修订薪酬制度,把每月 10000 元的基本工资拆分成 5000 元岗
位工资 +5000 元绩效工资,绩效工资每月考核,考核达标全额发放。请
问这种做法是否违法?

用人单位有权依据经营环境的变化适时调整薪酬管理制度,但调整不应损害劳动者的合法权益。根据《劳动合同法》第四条第二款的规定,用人单位在制定、修改或者决定有关劳动报酬、工作时间、休息休假、劳动安全卫生、保险福利、职工培训、

---

① 《劳动合同法》第三十五条。

劳动纪律以及劳动定额管理等直接涉及劳动者切身利益的规章制度或者重大事项时，应当经职工代表大会或者全体职工讨论，提出方案和意见，与工会或者职工代表平等协商确定。您所提到的修订公司薪酬管理规定的事项，须经民主程序。

问答 901 旷工扣 3 倍工资，怎么描述会委婉一些？

劳动者旷工只能扣除旷工期间工资，多扣工资没有法律依据。

问答 902 公司想搞竞争上岗机制，淘汰的将被辞退，如何能做到不付赔偿金呢？

根据司法审判实践经验，末位淘汰和竞聘上岗制建议不要施行。末位淘汰制作为一种绩效管理方式，可以提高员工的积极性，但是劳动者业绩居于末位，可能是其不胜任工作，也可能其能够胜任工作，却因各种因素在某次考核中居于末位，由于末位总是存在的，每次考核中总会有人居于末位，所以居于末位不能直接认定为不胜任工作，因此企业不能因为劳动者业绩居于末位，就主张其不能胜任工作，更不能据此解除劳动合同。

问答 903 如果《员工手册》里面规定上班时间不允许睡觉、玩手机、玩游戏，如被发现第一次口头警告，第二次书面警告，第三次按照严重违纪开除，这种开除合法吗？是否还需要支付补偿金之类的？

劳动者违纪具有层次性，相应地，处罚也应当有层次性。当然从合理性上看，玩三次手机就解除劳动合同貌似不合理，但是也要看什么岗位，如前台玩三次手机解除，合理性差点儿，但是公交车司机在岗时玩三次手机，解除就变得完全合理了。以劳动者严重违纪解除劳动合同不需要支付经济补偿。

问答 904 员工绩效差，企业可以末位淘汰吗？如何操作？

以末位淘汰的方式解除劳动合同是违法的，不论如何操作都违法，最高人民法院有公报案例[①]。

---

① 参见最高人民法院指导案例 18 号。

问答 905 公司薪酬制度上有规定，每工作一年工龄工资上涨 100 元，这个需要在劳动合同中体现出来吗？

劳动合同中需要约定的内容很多，但这个不是主要内容。不是所有的内容都要约定在劳动合同里。劳动者的薪酬发放主要通过用人单位的薪酬管理制度来规范。

问答 906 我们公司现在想按绩效考核发工资，将之前的基本工资分成了基本工资和绩效奖金，也就是变动了过去的基本工资，这个触犯法律吗？

法律不可能规定得这么详细。用人单位在行使劳动用工管理自主权时应当公开、公平、合理，在涉及劳动者切身利益的重大事项时，应当经过职工讨论，听取职工的意见和方案，经职工代表或者工会同意后实施[①]。用人单位在进行薪酬制度调整过程中应当征得全体职工的认可和同意。

问答 907 如果员工有 15 天年假，公司可不可以规定 1 月最多可休 15×8÷12 ＝ 10 小时，如果 1 月没休，2 月最多可休 20 小时……也就是说，可休年假按月折算不预支？

用人单位可以自行制定年休假制度，只要不违反法律法规规定即可，但年休假都是以天为单位，不以小时进行折算。

问答 908 从《劳动合同法》第四条上看，是不是只要通过职工代表大会投票表决的《员工手册》就生效了，前提是职工代表大会程序合法？反过来说，只要经过了职工代表大会同意，不需要工会备案《员工手册》就生效？

根据《劳动合同法》第四条的规定，相关规章制度需要经过讨论、协商、表决，即通常所说的民主程序，不只是要投票表决。法律并未将工会备案作为生效条件。同时需要注意，如果内容违法或者不具有合理性，即便通过民主程序亦可能无效。

问答 909 出差方面的财务制度也需要职工签字并做相应记录吗？

---

① 《劳动合同法》第四条。

不是所有的规章制度都需要经过民主公示程序，只有与劳动者切身利益密切相关的制度需要经过民主和公示程序①，出差方面的财务制度就不属于与劳动者切身利益密切相关的制度。

问答 910 刚创业的公司，好多问题都没厘清，不可能有系统的《员工手册》，不能落地的《员工手册》会不会给公司带来更多麻烦？

用人单位应当依法建立和完善劳动规章制度，保障劳动者享有劳动权利、履行劳动义务②。建立和完善规章制度是用人单位的法定义务。《员工手册》需要履行民主、公示程序③，因此越早制定越好。

问答 911 对末位淘汰的员工也要给补偿金吗？

末位淘汰构成违法解除，不是给补偿的问题，可能要支付赔偿金④。

问答 912 我们的子公司，目前执行的是总部的管理规定、薪酬、制度劳动纪律等，这个有没有问题？

有问题。如果子公司没有履行民主公示程序，这套制度存在无效的风险⑤。

问答 913 《员工手册》中规定每月请事假的天数是否合法？

法律对于事假天数未作出明确规定，属于用人单位用工自主权的范畴。但是，如果真的进行限制，劳动者请事假如果超出了规定的天数怎么算，是一个难点。

问答 914 用人单位颁布一项新的制度，如何在颁布制度之前做公示，有简单易行的公示办法吗？

制度是颁布之后公示，不是颁布之前公示，颁布之前叫征求意见。公示的方式有很

---

① 《劳动合同法》第四条。
② 《劳动合同法》第四条。
③ 《劳动合同法》第四条。
④ 《劳动合同法》第八十七条。
⑤ 《劳动合同法》第四条。

多，如通过电子邮件、企业 OA 系统、培训员工学习、签收、劳动合同附件等，关键在于保留已经公示送达的证据。

问答 915 《员工手册》是针对所有员工的吧？签合同时需要看《员工手册》是否有漏洞或者不利条件吗？《员工手册》是不是不用签，只要在这个公司工作就要履行《员工手册》的规定？《员工手册》如有不合法条款，是整个《员工手册》无效还是不合法的部分无效呢？如果员工违反《员工手册》，可以解除合同吗？

用人单位依法制定的《员工手册》对全体员工和用人单位都有约束力；《员工手册》应当向劳动者送达，否则不对劳动者产生效力[①]；《员工手册》里的不合法条款通常不影响其他条款的效力；员工违反《员工手册》，应当按照《员工手册》的具体条文处理，达到解除条件的，用人单位可以解除劳动合同。

问答 916 旷工一天扣三倍工资可以吗？可否规定旷工两次开除？

旷工一天扣三倍工资没有法律依据。可以在规章制度中规定连续旷工 3 天，累计旷工 5 天，用人单位可以解除劳动合同。

问答 917 人事规章制度怎样公示才算有效？

公示的方法有很多，如通过电子邮件、企业 OA 系统、培训员工学习、签收、劳动合同附件等，关键点在于发生争议后，用人单位能够证明已经向劳动者公示送达。

问答 918 公司新制订的销售部绩效考核方案规定了有效客户拜访量及有效报备数量，并规定若有作弊情况，第一次罚款 1000 元，第二次降级，第三次辞退。这个处罚符合劳动法规定吗？会不会有些重？

绩效考核方案属于与劳动者切身利益密切相关的规章制度，需要履行民主公示程序

---

① 《最高人民法院关于审理劳动争议案件适用法律问题的解释（一）》第十七条。

才可能有效，实体和程序均合法合理的情况下，对劳动者具有约束力 [①]。该制度规定的罚款没有法律依据。

问答 919 《员工手册》规定公司有权对员工的违纪行为进行罚款，是否合法？

用人单位规定劳动者违纪罚款没有法律依据。

问答 920 企业规定如果员工离职，最佳员工奖就不给了，有什么风险吗？

如果评奖规则里或者制度里规定，员工离职，评奖无效，可以不给；否则，不给没有依据。

问答 921 如果《员工手册》里写了各种福利但是没兑现，员工以此为由辞职，需要给补偿金吗？如果员工要求把福利补上法院会支持吗？如果《员工手册》本身就没有经过民主程序，是不是也没什么法律效力，即使员工主张的话也没用啊？

首先应当判断《员工手册》的福利是否属于劳动报酬，如果不属于劳动报酬，一般劳动者以此为由被迫辞职要求用人单位支付经济补偿的，法院支持的可能性不大。在劳动争议中，《员工手册》的合法性由用人单位举证，但是用人单位不能以《员工手册》没有履行民主程序来对抗劳动者的主张，劳动者可以主张无效，用人单位不能主张无效。

问答 922 公司考勤制度变了，是不是需要全体员工签字确认？

涉及与劳动者切身利益密切相关的规章制度应当经职工代表大会或者全体职工讨论，提出方案和意见，与工会或者职工代表平等协商确定 [②]，考勤制度属于与劳动者切身利益密切相关的规章制度，应当履行民主和公示程序。

问答 923 《员工手册》中可以明确规定员工迟到、早退如何扣钱吗？

不一定，看您怎么扣以及扣多少了，如果是扣未出勤时间段内的工资，当然可以了。

---

① 《劳动合同法》第四条。
② 《劳动合同法》第四条。

问答 924 我们各家子公司跟总公司均是独立法人，但各子公司的人事管理跟总公司放在一起，如总公司内部网站有规章制度向集团内所有公司公开，子公司员工的考勤跟报销也都在总公司内部网站上提交及审核，子公司没有自己的管理制度。请问这样可以吗？在总公司规章里写了适用下属子公司，这样可以吗？另外，子公司没有工会，总公司制度经过总公司工会审议过。

不可以直接适用。总公司的规章制度不能直接适用于子公司，子公司的规章制度如果发生法律效力必须经过民主和公示程序。

问答 925 "每年 12 月 31 日前（含）与单位解除劳动关系的员工，不予核发当年度绩效工资"，这样笼统的规定合法吗？

一般不会被裁审机关认可。

问答 926 总公司在苏州，上海和北京有分公司，三家公司都有独立的工会，在走《员工手册》民主程序时是否需要三个公司分开走？还是放在一起走一次民主程序就可以？

各用人单位应当分别制定自己的规章制度。

问答 927 公司《员工守则》中规定全勤 100 元，已经由员工签字了，公司想补充一下把全勤调整至 200 元，底薪降低 100 元，这样合法吗？

用人单位修订涉及劳动者切身利益的规章制度时，需经民主程序修订[①] 并经劳动者同意[②]。

问答 928 《员工手册》需要经过职工代表大会通过吗？还是只要公示就可以了？

《员工手册》的制定需经民主程序，并公示送达给劳动者[③]。

---

① 《劳动合同法》第四条。
② 《劳动合同法》第三十五条。
③ 《劳动合同法》第四条。

问答 929 为了杜绝员工上班时间看视频、玩游戏，可否发一个通知，违反 1 次，严重警告，违反 2 次，属于严重违反公司规章制度？这样合理吗？

是否合理没有统一标准，但程序上要合法，需要经民主程序制定，并公示送达给劳动者①。

问答 930 公司制定的《员工守则》，在 2015 年发布并召开全体大会学习了，某员工 2018 年入职，没有在制度上签字，《员工守则》对该员工有约束力吗？

首先要保证《员工守则》的制定经过合法有效的民主程序，其次要公示或送达给新入职的劳动者，这样才对其有约束力②。

问答 931 公司《员工手册》里规定，试用期员工不享受年休假，但是可以享受两天的公司内部福利假，这样可以吗？

在符合法律规定③的前提下，劳动者依法享有年休假，试用期员工不享受年休假的规定不符合法律规定，但用人单位可以自行制定年休假具体的休假办法④。

问答 932 公司员工做了高利贷的担保，现在贷款人入狱了，高利贷的人跑到公司闹事，对于类似事项公司是否可以写在劳动合同或《员工手册》里，如对于公司不知情的员工信用担保，出现后果由员工自负，与公司无关？

劳动者作为完全民事行为能力人，在不违反《公司法》中特定的担保禁止的情形下，有权以自身名义做出担保，当然与公司无关。

问答 933 未经民主讨论的规章制度，公司要求员工签字确认已知悉，有法律效力吗？

未经民主程序制定的规章制度可能会因为程序存在瑕疵而无效⑤，如果规章制度系

---

① 《劳动合同法》第四条。
② 《劳动合同法》第四条。
③ 《职工带薪年休假条例》第二条。
④ 《职工带薪年休假条例》第五条。
⑤ 《劳动合同法》第四条。

2008 年之前制定的并已送达劳动者且内容是合法的，可以不需要经过民主程序。

问答 934 我们公司的奖金是项目奖，跟一般公司的年终奖不太一样。项目完成后履行一定的程序就可以发放，而且在规章制度中也有离职人员项目奖励不发放的条款。请问员工离职时项目已完成但未完成发放奖励的程序（需要员工自己申请），公司不予发放奖励是否有法律风险？

一般情况下，项目奖是用人单位设置以奖励员工完成项目工作的，如果项目已完成，用人单位就应当按照规定的流程向员工支付奖金。如果在规章制度中规定离职人员不享有已完成项目的项目奖金，该规定有可能因排除劳动者权利而被认定为无效[①]。

问答 935 没有通过民主讨论及其他程序，就是人力资源部制定了制度，总经理同意，然后由员工在制度上签字确认（手抄：本人某某某已经认真阅读以上公司管理规定，并同意遵守执行，如有违反，按公司制度处理），该制度是否有效？

用人单位在制定直接涉及劳动者切身利益的规章制度时，应当经职工代表大会或者全体职工讨论，提出方案和意见，与工会或者职工代表平等协商确定[②]。这是《劳动合同法》规定的制定规章制度的民主程序。用人单位还需将规章制度向劳动者公示或者告知劳动者。一般来说，劳动者签收规章制度只能证明用人单位向劳动者送达了该制度，无法证明该制度经过民主制定程序，该制度存在不被法院认可的可能性。

问答 936 分公司全员（业务、后勤、分公司负责人）无考核体系，现要建立相应的考核体系，是否还需走民主程序，还是总公司拟好相应制度下发即可？另外，如果分公司业务人员原来为无责底薪，现要变成有责底薪，如何操作更为合法？

用人单位在制定或修改直接涉及劳动者切身利益的规章制度或者重大事项时，应当

① 《劳动合同法》第二十六条。

② 《劳动合同法》第四条。

经职工代表大会或者全体职工讨论，提出方案和意见，与工会或者职工代表平等协商确定①。薪酬考核制度属于与劳动者切身利益密切相关的制度，应当经过民主程序取得全体员工的同意②或者与劳动者协商一致后变更③。

问答 937 公司要修订部门的年度考核方案，方案中有对每位员工考核的指标和打分方式等，如果按照拟定、内部征求意见（2/3 以上同意，并对反馈意见进行讨论决定是否采纳）、公司审批、发布并培训的方式执行，是否有问题？

涉及劳动者切身利益的规章制度的制定或修订，须经民主程序制定④。在实操中非常复杂，稍有不当或某个环节操作不当，就可能导致该制度的制定或修改不符合法定要求，对劳动者不发生法律效力；在修订部门年度考核方案时，建议向全体员工征求意见，仅征求部门员工的意见存在一定的法律风险。

问答 938 公司规定当月无论请什么假包括年休假调休，只要不是每天按工作时间准时上下班，都要扣除当月全勤奖，这样合法吗？

全勤奖属于企业内部奖励规定，法律对此并无限制，用人单位可以自主制定。

问答 939 严重违反公司规章制度的情形有无法定条款？公司是否可以根据公司实际情况增加或细化严重违反公司规章制度的情形？

关于哪些情形属于严重违反用人单位规章制度的情形，法律没有规定，也不可能规定。用人单位可以根据本企业的实际情况进行合法、合规、合理的细化规定。

问答 940 公司《员工手册》之前走过民主程序，员工举手表决通过，现在更改了一些内容，需要重新进行民主举手表决吗？

用人单位在制定、修改或者决定有关劳动报酬、工作时间、休息休假、劳动安全卫

① 《劳动合同法》第四条。
② 《劳动合同法》第四条。
③ 《劳动合同法》第三十五条。
④ 《劳动合同法》第四条。

生、保险福利、职工培训、劳动纪律以及劳动定额管理等直接涉及劳动者切身利益的规章制度或者重大事项时，应当经职工代表大会或者全体职工讨论，提出方案和意见，与工会或者职工代表平等协商确定[①]。修订《员工手册》，需要重新履行民主程序。

问答 941 大多数严重违纪都是日常工作行为，有什么办法可以不用《员工手册》呢？

用人单位可以没有《员工手册》，但应当有相关合法有效的规章制度。

问答 942 企业如何证明规章制度已履行民主程序？

用人单位可以通过征求意见、表决等方式履行民主程序，整个过程注意留存证据。

问答 943 对于病假，可以规定必须由三级以上医院出证明才可以吗？

合法有效的病假条只需合法开设的医院、取得执业资格的医生开具，即具法律效力，与医院等级无关。

问答 944 公司规定八小时以外和休息日不能兼职，合法吗？

在实践中，如果用人单位在规章制度中规定禁止任何兼职行为，否则视为严重违纪，劳动者因兼职行为而被解除劳动合同的，通常会获得裁审机关的支持[②]。

问答 945 对上班迟到、看手机的员工，企业可以罚款吗？

用人单位直接罚款没有法律依据。用人单位可以通过设计绩效考核制度对劳动者的违纪行为进行扣分，可以间接起到"罚款"的作用。

---

① 《劳动合同法》第四条。
② 北京市第三中级人民法院（2021）京 03 民终 6438 号判决书。

第十二章

社会保险管理问答

问答 946 员工参加公司组织的运动会时受伤，是否可以判定为工伤？

职工参加用人单位组织或者受用人单位指派参加其他单位组织的活动受到伤害的，应当认定为工伤[①]。

问答 947 员工在其他单位挂靠证书，社保在其他单位缴纳。我公司与员工签订承诺书，内容为员工出现工伤与我公司无关，不得要求补缴。公司还有风险吗？

用人单位为劳动者缴纳社会保险是法定义务[②]，此种情况下用人单位当然会承担风险，最直接的就是工伤风险，劳动者的承诺书并不会起到降低风险的作用。

问答 948 员工工伤停工留薪期已满，公司通知本人返岗后，员工口头告知其身体尚未恢复，是否可继续享受医疗期？医疗期和工伤停工留薪期是否重叠计算？

工伤停工留薪期和医疗期是两个不同的概念：停工留薪期指职工因工作遭受事故伤害或者患职业病需要暂停工作接受工伤医疗，原工资、薪水、福利、保险等待遇不变的期限；医疗期是指企业职工因患病或非因工负伤停止工作治病休息不得解除劳动合同的时限。工伤职工在停工留薪期满后仍需治疗的，继续享受工伤医疗待遇[③]。

问答 949 我司员工在上班路上发生交通事故，现已申请工伤认定，员工休假期间的工资怎么发放？

在上下班途中，受到非本人主要责任的交通事故伤害的，应当认定为工伤[④]。职工

---

① 《最高人民法院关于审理工伤保险行政案件若干问题的规定》第四条。
② 《劳动法》第七十二条。
③ 《工伤保险条例》第三十三条。
④ 《工伤保险条例》第十四条。

因工伤需要暂停工作接受治疗的，在停工留薪期内，原工资福利待遇不变，由所在单位按月支付①。

问答 950 员工工伤伤残鉴定为九级，公司支付了一次性伤残补助，他现在还在职，如果以后他因个人原因离职，公司还需要支付一次性伤残就业补助金和一次性伤残医疗补助金吗？

职工因工致残被鉴定为九级伤残的，享受以下待遇：（一）从工伤保险基金按伤残等级支付一次性伤残补助金，九级伤残为 9 个月的本人工资；（二）劳动、聘用合同期满终止，或者职工本人提出解除劳动、聘用合同的，由工伤保险基金支付一次性工伤医疗补助金，由用人单位支付一次性伤残就业补助金②。

问答 951 员工工伤期间，考勤要扣钱吗？

职工因工作遭受事故伤害或者患职业病需要暂停工作接受工伤医疗的，在停工留薪期内，原工资福利待遇不变，由所在单位按月支付③。

问答 952 员工下班在单位做饭导致煤气罐爆炸死亡，算是工伤吗？

《工伤保险条例》第十四条规定，职工有下列情形之一的，应当认定为工伤：（一）在工作时间和工作场所内，因工作原因受到事故伤害的；（二）工作时间前后在工作场所内，从事与工作有关的预备性或者收尾性工作受到事故伤害的……如果劳动者做饭与工作内容无关，不宜认定为工伤。

问答 953 我昨晚在下班路上把脚崴了，当时也及时和我的直接领导汇报了，这种情况怎么认定工伤？

在上下班途中，受到非本人主要责任的交通事故或者城市轨道交通、客运轮渡、火

---

① 《工伤保险条例》第三十三条。
② 《工伤保险条例》第三十七条。
③ 《工伤保险条例》第三十三条。

车事故伤害的应当认定为工伤①，下班路上把脚崴了不属于工伤。

问答 954 员工在午休时间违反公司规定，私自逗弄鱼缸里的鱼，结果让鱼把手指咬伤了，这个算工伤吗？

认定工伤的情形有：在工作时间和工作场所内，因工作原因受到事故伤害的；工作时间前后在工作场所内，从事与工作有关的预备性或者收尾性工作受到事故伤害的；在工作时间和工作场所内，因履行工作职责受到暴力等意外伤害的②。该员工的情况不符合认定工伤的情形。

问答 955 工伤鉴定结果已出，合同期满后是否可以和劳动者解除劳动关系？

职工因工致残被鉴定为一级至四级伤残的，保留劳动关系，退出工作岗位；职工因工致残被鉴定为五级、六级伤残的，经工伤职工本人提出，该职工可以与用人单位解除或者终止劳动关系，由工伤保险基金支付一次性工伤医疗补助金，由用人单位支付一次性伤残就业补助金；职工因工致残被鉴定为七级至十级伤残的，劳动、聘用合同期满终止，或者职工本人提出解除劳动、聘用合同的，由工伤保险基金支付一次性工伤医疗补助金，由用人单位支付一次性伤残就业补助金③。

问答 956 如果工作人员在岗位上因个人原因与他人发生口角进而打斗致伤，是否为工伤呢？

《工伤保险条例》第十四条规定，职工在工作时间和工作场所内，因履行工作职责受到暴力等意外伤害的，应当认定为工伤。因个人原因斗殴致伤不算工伤。

问答 957 还有一个月就要退休的员工发生了工伤，工伤认定为十级，医院建议休息20 天，他原来月平均工资 4000 元，公司在他停工留薪期只给他 100 元 /天的薪水。他以公司不足额支付薪水为由提出离职，要求公司支付补偿金，

① 《工伤保险条例》第十四条。
② 《工伤保险条例》第十四条。
③ 《工伤保险条例》第三十五条、第三十六条、第三十七条。

这个补偿金的诉求，法院会支持吗？

劳动者遭受工伤，停工留薪期间，用人单位应当按照原标准支付工资福利[①]，否则属于未足额支付劳动报酬，劳动者被迫解除劳动合同后，有权获得经济补偿[②]。

问答 958 公司员工在试用期参加团建时发生大腿骨骨折，现在要求申请工伤，公司可以在试用期解除合同吗？

当然不可以。劳动者在试用期间被证明不符合录用条件的，用人单位可以解除劳动合同。劳动者工伤的，用人单位不得以工伤为由解除劳动合同。

问答 959 公司要聘用一个国企停薪留职的员工，国企那边还在继续给他缴纳社保和公积金，请问如何规避用工风险？

除不能为其缴纳社保和公积金外，该员工和其他员工并无差别，建议给该类劳动者缴纳兼职人员工伤保险。

问答 960 饭店小时工工作时被烫伤算工伤吗？怎么算工资？

饭店小时工工作时被烫伤属于工伤；职工因工作遭受事故伤害或者患职业病需要暂停工作接受工伤医疗的，在停工留薪期内，原工资福利待遇不变，由所在单位按月支付。停工留薪期一般不超过 12 个月。伤情严重或者情况特殊，经设区的市级劳动能力鉴定委员会确认，可以适当延长，但延长不得超过 12 个月。工伤职工评定伤残等级后，停发原待遇，按照规定享受伤残待遇。工伤职工在停工留薪期满后仍需治疗的，继续享受工伤医疗待遇[③]。

问答 961 员工在车间中暑是否算工伤？

根据人力资源和社会保障部等四部门联合印发的《职业病分类和目录》，在高温作业过程中中暑属于物理因素所致职业病，按《工伤保险条例》第十四条第四项规定，应当认定为工伤。

---

① 《工伤保险条例》第三十三条。
② 《劳动合同法》第三十八条、第四十六条。
③ 《工伤保险条例》第三十三条。

问答 962 根据《工伤保险条例》第十五条规定，视同工伤的情形有三种，其中一种为在工作时间和工作岗位，突发疾病死亡或者在 48 小时之内经抢救无效死亡的。如果员工工作结束了，夜间回单位宿舍睡觉时突发心肌梗死，直接猝死，能认定工亡吗？

非工作时间、非工作岗位因自身身体原因猝死的不符合上述工伤认定的规定。

问答 963 单位因故未给员工连续缴纳社保，导致员工退休享受不了退休待遇，请问如何维权？

可以向人民法院起诉要求赔偿损失。依据《最高人民法院关于审理劳动争议案件适用法律问题的解释（一）》第一条的规定，劳动者以用人单位未为其办理社会保险手续，且社会保险机构不能补办导致其无法享受社会保险待遇为由，要求用人单位赔偿损失而发生纠纷的，人民法院应当受理。

问答 964 一个集团，下属有 A、B 两个公司。员工的劳动合同是与 A 公司签署的，现在全体员工的工资发放、社保缴费、公积金缴费都改为从 B 公司走账。这样算不算未签订劳动合同？

劳动关系和社保关系应当统一，否则存在巨大的法律风险。

问答 965 公司没有根据员工实际收入缴纳各项社会保险和住房公积金，会有什么后果？

根据《社会保险法》第八十六条的规定，用人单位未按时足额缴纳社会保险费的，由社会保险费征收机构责令限期缴纳或者补足，并自欠缴之日起，按日加收万分之五的滞纳金；逾期仍不缴纳的，由有关行政部门处欠缴数额一倍以上三倍以下的罚款。

问答 966 离职员工想申请失业，必须是被公司辞退吗？

劳动者领取失业保险的条件是非因本人意愿中断就业[①]，包括终止劳动合同，被用

---

① 《失业保险条例》第十四条。

人单位解除劳动合同，被用人单位开除、除名和辞退，根据《劳动法》第三十二条第二项、第三项与用人单位解除劳动合同的①。

| 问答 967 | 员工 5 月 10 日辞职，单位同意为其办理辞职手续，5 月 16 日单位中断员工社保，是否合法？

用人单位应当为劳动者缴纳离职当月的社保。

| 问答 968 | 如果员工和单位签了劳动合同，但是社保不在我们单位缴纳，这样算不算违法？

社保关系和劳动关系应当保持一致，否则存在法律风险，如果将来出现工伤，劳动者可能无法从工伤保险基金中享受工伤保险待遇，用人单位要承担这部分费用。

| 问答 969 | 外国人在山东省就业，哪种保险是公司必须给予缴纳的？

在中国境内依法注册或者登记的企业、事业单位、社会团体、民办非企业单位、基金会、律师事务所、会计师事务所等组织依法招用的外国人，应当依法参加职工基本养老保险、职工基本医疗保险、工伤保险、失业保险和生育保险，由用人单位和本人按照规定缴纳社会保险费②。

| 问答 970 | 员工自己不想缴纳社保，写了一份证明，证明其自愿放弃社保，这样的证明是否具备法律效力？

违反法律强制性规定③，无效。

| 问答 971 | 职工休产假期间的社保，是只扣除个人部分，还是个人、公司的都扣除呢？

用人单位负担企业缴纳部分，劳动者负担个人缴纳部分。

| 问答 972 | 单位未依法缴纳员工社保，补缴时所需缴纳的滞纳金是由哪个法条具体

---

① 《失业保险金申领发放办法》第四条。

② 《在中国境内就业的外国人参加社会保险暂行办法》第三条。

③ 《劳动法》第七十二条。

规定的?

《实施〈中华人民共和国社会保险法〉若干规定》(中华人民共和国人力资源和社会保障部令第13号)第二十条规定:"职工应当缴纳的社会保险费由用人单位代扣代缴。用人单位未依法代扣代缴的,由社会保险费征收机构责令用人单位限期代缴,并自欠缴之日起向用人单位按日加收万分之五的滞纳金。用人单位不得要求职工承担滞纳金。"

问答 973 我身边有一些人看病没有医保,想让我公司代缴五险,所有的费用他自己承担,并象征性付给我们一点点服务费,请问这种做法有没有风险?

以欺诈、伪造证明材料或者其他手段骗取养老、医疗、工伤、失业、生育等社会保险金或者其他社会保障待遇的,属于《中华人民共和国刑法》第二百六十六条规定的诈骗公私财物的行为[①]。

问答 974 如果签订以完成一定工作任务为期限的劳动合同,需要给员工缴纳社保吗?

用人单位应当依法为劳动者缴纳社保费用。无论双方签订何种类型的劳动合同,只要建立劳动关系,用人单位就应当依法缴纳社保。

问答 975 由于单位失误导致北京员工断缴一个月社保,员工无法摇号买房,要告单位,会得到支持吗? (注:单位已经给员工补缴了那个月的社保)

用人单位存在过错给劳动者造成损失的,应当赔偿,但摇号仅仅是一种资格,具体损失的数额可能难以判断。

问答 976 公司高管为了拿到国家的人才补贴,将社保挂靠在其他公司,公司每月将社保的费用补贴到他工资里,有没有什么办法可以规避风险?

用人单位应当依法为劳动者缴纳社会保险费用,劳动关系和社保关系应当统一,否则存在用工风险。比如,该劳动者发生工伤,用人单位需承担工伤保险赔偿责任。

---

① 《全国人民代表大会常务委员会关于〈中华人民共和国刑法〉第二百六十六条的解释》。

问答 977 我单位有部分员工不愿缴纳社保，单位让他们写了一份放弃声明并由本人签字，然后单位每月给予 1000 元社保补助（和工资一起发放），这个 1000 元社保补助在工资确认单中也有体现，员工本人也签字认可了。如果以后发生社保争议，放弃声明是否会被仲裁认可？

依法缴纳社保系用人单位和劳动者的法定义务，单位或者个人或者双方无权免除缴纳义务。内容违法的协议不会得到裁审机关的认可。

问答 978 公司将所有员工以劳务派遣方式安排就业，是不是就不用给员工缴纳五险一金了？

劳务派遣中，用人单位指派遣单位，由劳务派遣单位依法为劳动者缴纳社保费用①，社保费用的承担由用人单位和用工单位在劳务派遣协议中约定。

问答 979 对退休返聘人员，公司可以不缴纳社保吗？

已享受退休待遇的人员，无法缴纳社保。

问答 980 劳动者驾车出差过程中脑出血昏迷，送医后一个月未苏醒，昏迷状态下一直在治疗，在此期间用人单位是否应该继续为劳动者缴纳五险呢？

用人单位与劳动者劳动关系没有终止或解除前，应当为劳动者缴纳社会保险。

问答 981 如果不给员工缴纳社保，有什么其他好的险种可以代替吗？

给员工缴纳社保是用人单位的强制性义务②，不给员工缴纳社保会面临很大的法律风险。

问答 982 外地务工人员在一单位上班三个月，发生事故，造成一根手指被切断，没有和单位签合同，也没有上保险，住院治疗费是老板支付的，现在该受伤人员准备索要赔偿，程序步骤如何进行？

---

① 《劳动合同法》第五十九条。
② 《劳动法》第七十二条。

《工伤保险条例》第十七条规定，职工发生事故伤害或者按照职业病防治法规定被诊断、鉴定为职业病，所在单位应当自事故伤害发生之日或者被诊断、鉴定为职业病之日起 30 日内，向统筹地区社会保险行政部门提出工伤认定申请。遇有特殊情况，经报社会保险行政部门同意，申请时限可以适当延长。用人单位未按前款规定提出工伤认定申请的，工伤职工或者其近亲属、工会组织在事故伤害发生之日或者被诊断、鉴定为职业病之日起 1 年内，可以直接向用人单位所在地统筹地区社会保险行政部门提出工伤认定申请。因此，首先应当做工伤认定，其次做工伤鉴定，鉴定结论出来后，根据鉴定结论和单位协商赔偿数额，若不能达成一致则需要进入仲裁诉讼程序。

问答 983 ｜ 没签劳动合同也可以申请工伤认定吗？

工伤认定的前提是存在劳动关系，如果单位不认可双方存在劳动关系，还需要先进行劳动关系确认的诉讼（仲裁）。

问答 984 ｜ 员工缴费基数可否以全公司员工的月平均工资为基数？

新参加工作或失业后再就业的人员，转业、复员、退伍军人，由机关或其他企、事业单位调（转）入企业的人员，缴纳基本养老保险费时，以进入本企业工作第一个月的工资作为当年各月缴费工资基数。从第二年起，以本人上一年在本企业实发工资的月平均工资作为缴费工资基数[①]。

问答 985 ｜ 已过退休年龄，被单位返聘，这期间被机动车撞伤，可以主张工伤保险赔付吗？

达到或超过法定退休年龄，但未办理退休手续或者未依法享受城镇职工基本养老保险待遇，继续在原用人单位工作期间受到事故伤害或患职业病的，用人单位依法承担工伤保险责任。用人单位招用已经达到、超过法定退休年龄或已经领取城镇职工基本养老保险待遇的人员，在用工期间因工作原因受到事故伤害或患职业病的，如招用单位已按

---

① 《北京市劳动和社会保障局关于贯彻实施〈北京市基本养老保险规定〉有关问题的通知》第四条。

项目参保等方式为其缴纳工伤保险费的，应适用《工伤保险条例》①。

问答 986 | 给员工补缴保险需要签什么协议规避风险吗?

按照社保机构的要求依法缴纳即可，不需要签什么协议来规避风险，依法合规缴纳社保就不会有社保风险。

---

① 《人力资源社会保障部关于执行〈工伤保险条例〉若干问题的意见（二）》第二条。

第十三章

保密与竞业限制问答

问答 987 关于竞业禁止协议的补偿金有法律明确的规定吗?

《最高人民法院关于审理劳动争议案件适用法律问题的解释(一)》第三十六条规定,当事人在劳动合同或者保密协议中约定了竞业限制,但未约定解除或者终止劳动合同后给予劳动者经济补偿,劳动者履行了竞业限制义务,要求用人单位按照劳动者在劳动合同解除或者终止前十二个月平均工资的 30% 按月支付经济补偿的,人民法院应予支持。前款规定的月平均工资的 30% 低于劳动合同履行地最低工资标准的,按照劳动合同履行地最低工资标准支付。

问答 988 如果员工违反竞业协议,需要向公司支付多少赔偿?

劳动者违反竞业限制约定,支付给用人单位的违约金以双方约定为准。

问答 989 公司老板突然让 HR 弄了一份保密协议,并且让所有员工签字,有员工拒绝,老板说强迫他们签,请问这样做违法吗?

用人单位不能也无法强迫劳动者签订任何协议。如果真的通过暴力手段让劳动者签字也是无效的①。

问答 990 没有签订竞业协议,劳动者直接去竞争对手公司上班有没有法律风险?

劳动者的竞业限制义务是通过竞业限制协议来约定的,没有约定竞业限制协议,劳动者当然不需要履行竞业限制义务。

---

① 《劳动合同法》第二十六条。

问答 991 ┃ 二审法院判决劳动者支付竞业限制违约金并继续履行。之后用人单位又起诉劳动者没有履行竞业限制，要求支付违约金。请问竞业限制的违约金是否可以要求多次支付？是否可以根据竞业限制到期的时间长短来请求法院进行减免？

法院判决后，劳动者再次违反竞业限制义务的，用人单位可以再次要求劳动者支付违约金。劳动者的违约赔偿数额应根据竞业限制协议的约定支付。

问答 992 ┃ 签订竞业协议，公司应该支付多少经济补偿呢？

用人单位应当按照竞业限制协议的约定支付经济补偿。《最高人民法院关于审理劳动争议案件适用法律问题的解释（一）》第三十六条第一款规定，当事人在劳动合同或者保密协议中约定了竞业限制，但未约定解除或者终止劳动合同后给予劳动者经济补偿，劳动者履行了竞业限制义务，要求用人单位按照劳动者在劳动合同解除或者终止前十二个月平均工资的 30% 按月支付经济补偿的，人民法院应予支持。该标准可供用人单位在与劳动者协商时参考。

问答 993 ┃ 有一员工在签订保密协议后到竞争对手公司入职，公司能约束他吗？

保密协议不等于竞业限制协议，请注意区分保密协议与竞业限制协议的区别。保密协议中如果没有竞业限制内容，劳动者的就业不受限制；若劳动者和新用人单位侵害了原用人单位的商业秘密，应当由原用人单位举证并要求劳动者和新用人单位承担赔偿责任。

问答 994 ┃ 如果竞业限制期限超过两年，对企业来说会有什么法律后果呢？竞业限制补偿金给多少，依据什么计算？

竞业限制不得超过两年，超过部分无效。竞业限制补偿金数额由双方协商确定，一般可以约定在劳动者工资的 20%—60%。

第十四章

劳务派遣管理问答

问答 995 我们单位有一位外包员工，1997 年上班，为我单位临时用工，2008 年取消临时用工转为劳务外包，当时是按《劳动合同法》给予了补偿，现在我们准备不用他了（合同已于 2016 年年末到期），2008—2016 年转为外包阶段，我们是否还要向他支付补偿？

劳动关系在派遣公司，终止劳动合同的经济补偿应当由派遣公司支付，但是根据您公司和派遣公司签订的劳务派遣协议，这部分钱估计还得由您公司来承担。

问答 996 劳务派遣用工拒绝单位转岗要求，单位辞退需要赔偿吗？

如果转岗行为符合法律规定，劳动者应当服从；如果转岗行为不符合法律规定，劳动者有权拒绝转岗。

问答 997 甲被劳务派遣到 A 公司，工作七个月后 A 公司无任何理由将甲的岗位取消，甲被退回派遣公司。请问甲除可以在派遣公司领取工资外，还可以请求 A 公司支付违法退回的赔偿金吗？

用工单位退回劳动者应当有法定的理由，即被派遣劳动者有《劳动合同法》第三十九条和第四十条第一项、第二项规定情形的，用工单位可以退回被派遣劳动者[①]。用工单位违法退回劳动者的，应由劳动行政部门责令限期改正；逾期不改正的，以每人五千元以上一万元以下的标准处以罚款，用工单位给被派遣劳动者造成损害的，劳务派遣单位与用工单位承担连带赔偿责任[②]。

[①] 《劳动合同法》第六十五条。
[②] 《劳动合同法》第九十二条。

问答 998 企业使用劳务派遣用工的数量不得超过本企业总人数的比例是多少?

用工单位应当严格控制劳务派遣用工数量,使用的被派遣劳动者数量不得超过其用工总量的 10%[①]。

问答 999 派遣员工旷工已达 15 天以上,单位该如何处理?

派遣员工旷工,应依据用工单位的规章制度处置,构成严重违纪的,可依据合法有效的规章制度或者约定退回劳务派遣单位。

问答 1000 《劳动合同法》第六十五条第二款规定,被派遣劳动者有本法第三十九条和第四十条第一项、第二项规定情形的,用工单位可以将劳动者退回劳务派遣单位。如果劳动者没有上述情形,用工单位依然将其退回,劳动者应如何维权呢?

劳务派遣单位、用工单位违反有关劳务派遣规定的,由劳动行政部门责令限期改正;逾期不改正的,以每人五千元以上一万元以下的标准处以罚款,对劳务派遣单位,吊销其劳务派遣业务经营许可证。用工单位给被派遣劳动者造成损害的,劳务派遣单位与用工单位承担连带赔偿责任[②]。

---

① 《劳务派遣暂行规定》第四条。
② 《劳动合同法》第九十二条。

图书在版编目 (CIP) 数据

企业劳动法实战问题解答精要 / 郝云峰著 . — 2 版
. —北京：中国法制出版社，2023.9
（企业人力资源管理与法律顾问实务指引丛书）
ISBN 978-7-5216-3601-7

Ⅰ . ①企…　Ⅱ . ①郝…　Ⅲ . ①劳动法—中国—问题解
答　Ⅳ . ① D922.505

中国国家版本馆 CIP 数据核字（2023）第 098192 号

策划编辑：马春芳

责任编辑：马春芳　　　　　　　　　　　　　　　封面设计：汪要军

企业劳动法实战问题解答精要

QIYE LAODONGFA SHIZHAN WENTI JIEDA JINGYAO

著者 / 郝云峰

经销 / 新华书店

印刷 / 三河市国英印务有限公司

开本 / 730 毫米 × 1030 毫米　16 开　　　　　　印张 / 17.75　字数 / 262 千

版次 / 2023 年 9 月第 2 版　　　　　　　　　　2023 年 9 月第 1 次印刷

中国法制出版社出版

书号 ISBN 978-7-5216-3601-7　　　　　　　　　　定价：69.00 元

北北京市西城区西便门西里甲 16 号西便门办公区

邮政编码：100053　　　　　　　　　　　　　　　传真：010-63141600

网址：http://www.zgfzs.com　　　　　　　　　　编辑部电话：010-63141822

市场营销部电话：010-63141612　　　　　　　　印务部电话：010-63141606

（如有印装质量问题，请与本社印务部联系。）